Anja Hauer-Frey

ERFÜLLTE BEZIEHUNGEN DURCH HUMAN DESIGN

Anja Hauer-Frey

ERFÜLLTE BEZIEHUNGEN DURCH HUMAN DESIGN

Verständnis vertiefen und Potenziale nutzen in Familie, Partnerschaft und Beruf

If you allow someone to be who they are
and they allow you to be who you are,
then that's love.
Anything else is torture.

Ra Uru Hu

Wenn du andere sie selbst sein lässt
und sie dich ebenso sein lassen, das ist Liebe.
Alles andere ist eine Qual.

(Übersetzung Red.)

Inhalt

Geleitwort

In uns allen steckt die tiefe Sehnsucht, uns mit anderen Menschen zu verbinden. Von Geburt an dreht sich alles in unserem Leben um Beziehungen. Familie, Partnerschaft, Freundeskreis, Kolleg*innen – all unsere zwischenmenschlichen Verbindungen prägen uns. Wir wachsen in und an unseren Beziehungen. So können wir uns in ihnen geborgen und beschützt fühlen, aber auch eingeengt und begrenzt. Genau deshalb ist es Zeit, ein Bewusstsein dafür zu entwickeln und unsere Beziehungen neu zu gestalten.

Für mich persönlich haben sich zwischenmenschliche Beziehungen lange Zeit wie ein Minenfeld angefühlt. Es gab Situationen, in denen ich weder mein Gegenüber noch mich selbst verstanden habe. Ich rutschte immer wieder in die Bewertung und (Selbst-)Verurteilung. Das fing innerhalb der Familie an, ging im Arbeitsumfeld und meinen Partnerschaften weiter und fand seinen Höhepunkt in der Beziehung zu meinen Kindern.

Über meine Kinder fand ich dann zu Human Design. Das Wissen über die Energie meiner Kinder eröffnete mir eine ganz neue Perspektive auf sie, mich selbst und vor allem auf die Dynamik untereinander. Meine drei Kinder könnten unterschiedlicher nicht sein, und dennoch versuchte ich, sie lange Zeit im Alltag auf die gleiche Art und Weise zu behandeln. Erst durch das Wissen des Human-Design-Systems verstand ich, dass jedes meiner Kinder eine individuelle Umgangsform und Tagesstruktur braucht. Dies war schon durch kleine Veränderungen in unserem Alltag umsetzbar. Dank Human Design kann ich meine Kinder also nicht nur bedürfnis-, sondern auch energieorientiert begleiten.

Aber nicht nur in Bezug auf meine Kinder, sondern in Bezug auf all meine zwischenmenschlichen Beziehungen war und ist Human Design ein Augenöffner. Human Design lehrt uns, dass wir nicht nur über Worte kommunizieren, sondern auch energetisch. Und dass deshalb in jeder Beziehung eine einzigartige, energetische Dynamik entsteht. Durch dieses Wissen können wir all unsere Beziehungen bewusster und achtsamer gestalten.

Dieses Bewusstsein zu schaffen, ist für mich eines der größten Geschenke des Human-Design-Systems. Denn wenn unsere Welt eines braucht, dann ist es Bewusstsein. Unsere Gesellschaft und die ganze Welt befinden sich in einem Wandel, der vieles infrage stellt. Vieles, was jahrhundertelang als normal galt, bricht nach und nach weg. Auch unsere Beziehungen verändern sich. Es wird mehr reflektiert, kommuniziert und kooperiert. In Zukunft wird es immer mehr darum gehen, die Einzigartigkeit eines jeden zu sehen und sich gegenseitig Raum zu geben, die eigenen Potenziale zu entfalten.

Anfangen dürfen wir bei der Beziehung zu uns selbst. Denn erst wenn wir uns selbst sehen und unsere einzigartige Energie authentisch leben, können wir auch andere in ihrer Einzigartigkeit sehen und annehmen.

Ich persönlich lerne in meinem eigenen Human-Design-Experiment tatsächlich vor allem in und durch meine zwischenmenschlichen Beziehungen. So wünsche ich auch dir, dass dich dieses wundervolle Buch dabei unterstützt, deine Beziehungen bewusster und vor allem erfüllter zu gestalten!

Miriam Reißig, sakrale Generatorin 2/4

Human-Design-Expertin für Familien und Selbstfindung, Inner Balance Coach, Mutterleicht Trainerin, Creative Women Circle Leiterin

Vorwort der Autorin: Erkenne andere – und dich selbst

Jeder Mensch ist auf seine Art ein Paradiesvogel mit seinen besonderen bunten Federn, die ihn ausmachen. Mit einer eigenen Art, durch das Leben zu gehen und Entscheidungen zu treffen, mit einem eigenen schillernden Wesen. Dieses Wesen strahlt in unterschiedlichen Farben und ich möchte mit diesem Buch vor allem eines erreichen: dass unsere Farben und die unseres Gegenübers nicht verblassen. Dass wir aufhören, aneinander zu zerren und zu ziehen und uns buchstäblich die Federn auszurupfen. Niemand ist hier, um in einer Beziehung sein buntes Gefieder zu verlieren, um es in angepasste Grautöne umfärben zu lassen, die am Ende traurig und einheitlich erscheinen. Nein!

In meinem ersten Buch, *Mehr Lebenskraft, Leichtigkeit und Erfolg durch Human Design,* in dem ich mich mit den Grundlagen des Human Design beschäftigte, ging es hauptsächlich darum, sich zu erkennen und ein klares Ja zu sich zu finden. In diesem Buch geht es darum, andere zu erkennen und in Selbstreflexion Beziehungen aktiv zu gestalten und positiv zu verändern. Dieses Buch ist ein Werkzeug zum Verstehen der Natur deines Gegenübers. Natürlich wirft uns das Erkennen eines anderen Menschen immer auf uns zurück. Also sei dir gewahr, dass dies keine Zehn-Schritte-Anleitung für den perfekten Umgang mit deinem Chef oder deiner Partnerin ist, sondern dass dieses Buch dich immer fragt: Warum bist du nicht anders in diese Beziehung gegangen? Was hat gefehlt? Hat man sich dir gegenüber nicht geöffnet? Hast du etwas in den falschen Hals bekommen? Hast du offen kommuniziert? Fehlte dir das nötige Mitgefühl oder hast du die Grenzen anderer nicht gewahrt? Dieses Buch soll dich liebevoll an einen Punkt bringen, an dem du dich überprüfst und dich deine Verbindungen im Alltag noch mehr wachsen lassen. So bin ich liebevoll direkt, denn das ist mein Manifestor-Style (mehr zu den Typen des Human Design findest du ab Seite 35).

Das Gefühl, »richtig« zu sein

Beziehungen zu anderen beginnen bei der Beziehung zu uns selbst. Was du in dir erkennst, erkennst du in anderen. Wenn wir jedoch blind und sozusagen mit Boxhandschuhen durchs Leben laufen, erkennen wir uns nicht. Wenn wir andere besitzen wollen, erkennen wir nicht. Damit geht eine tiefe Verbindung verloren.

Die Verbindung, die uns nährt und die wir als Säugetiere brauchen, um zu wachsen und uns im Gegenüber zu erkennen.

Die Tiefe der Verbindung zu anderen wird maßgeblich davon bestimmt, wie sehr wir uns selbst in der Tiefe sehen und verstanden haben.

Das eigene Erkennen setzt nicht nur in Partnerschaften, sondern auch beruflich immense Potenziale frei, weil es Frust, Verbitterung, Wut und Enttäuschung auf den Grund geht und so deine ganz persönliche Effizienz- und Intuitionsbombe gezündet wird. Ein anderer kann dir kein Gefühl geben oder es »machen«, es entsteht immer in dir. Darüber Bewusstsein zu erlangen, führt auf Dauer zu friedvollen Beziehungen.

Das Human Design verhilft uns in erster Linie zu dem stärkenden Gefühl, »richtig« zu sein, durch ein systemisches, ganzheitliches Konzept, das unserem Verstand bestätigt: »Ja, dein Gefühl und deine Intuition waren immer richtig. Du bist richtig, mit all deinen Facetten.« Zum anderen zeigt es uns ohne Zuckerguss, wo wir entgegen unserer Energie handeln oder geprägt wurden, sodass wir unserem innersten Antrieb nicht immer folgen können. Wir lassen unsere innere Stimme übertönen, vom Lärm der Außenwelt, von Regeln, Glaubenssätzen, Erwartungen, Projektionen oder gesellschaftlichen Maßstäben, die sich in unserer DNA verfestigt haben.

Wir Menschen kommunizieren durch unsere Körpersprache, Energie und Emotionen. Uns zu lesen wäre einfach, wenn wir uns nicht hinter einer Vielzahl an Rollen, Mänteln, Handlungs- und Antriebsmustern sowie Konditionierungen verstecken, sondern stattdessen ehrlich, authentisch und vor allem verletzlich durchs Leben gehen würden. Das Human Design baut hier eine Brücke, denn es macht die reine Energie deines Gegenübers sichtbar, sodass du in der Lage bist, es im Kern zu erfassen. So kannst du diesen Menschen unterstützen, wenn du wahrnimmst, dass er Hilfe, Reflexion oder Zuspruch benötigt, um sich dir zeigen zu können.

Sehen und gesehen werden

Ich wünsche mir, dass mit diesem Buch mehr echte Verbindungen in diese Welt zurückkehren und wir akzeptieren, dass die Schuhe unseres Gegenübers eine eigene Größe haben. Wir können uns niemals anmaßen, seinen Weg zu gehen oder ihn völlig zu verstehen. Ich wünsche mir, dass durch diesen Ratgeber mehr Mitgefühl für Verbindungen entsteht, die unkonventionell erscheinen. In der Tiefe sehen und gesehen werden ist etwas, das uns als Menschen nährt und verbindet. Lass zu, dass jemand anderes dich sehen kann, indem du dich selbst siehst. Spende Umarmungen, wenn jemand um sich schlägt, weil du weißt, was dahintersteht. Und ja, es kostet viel Mut, sich anderen zu offenbaren, sich verletzlich zu zeigen und seine Mäntel abzulegen, aber es ist das Wertvollste und Wichtigste, das wir in diesen Zeiten für uns und unsere Kinder tun können.

In Liebe,
Anja (5/1-Manifestorin)

Für meinen Sohn und dich

Ich brauche dich nicht, um meine Leere zu füllen.
Ich bin vollständig, für mich und gut, wie ich bin.
Ich arbeite an mir, sehe mich, vergebe mir und wachse weiter.

Ich brauche dich nicht, damit du mich glücklich machst und zum Strahlen bringst.
Ehrlich gesagt, bin ich so gut mit mir,
dass ich wie ein Feuer von innen leuchte.
Angezündet durch meine Seelenkraft,
meine Lust am Leben, meine inneren Werte.

Aber zusammen, zusammen könnten wir ein Leuchtfeuer der Liebe entfachen und
noch mehr Licht auf die Schatten werfen,
die andere Menschen dringend sehen müssen.
Lass uns das Feuer der Bedingungslosigkeit entzünden,
indem du bei dir bleibst und ich bei mir und wir uns da
treffen, wo unendliches Potenzial entsteht.

Lass uns vorleben, dass wahre Liebe loslässt
und trotzdem immer in Verbindung bleibt, dass sie Schmerz überwindet, Tränen und
Wut erträgt, nichts unter den Teppich kehrt und machtvoll ihre Hand einsetzt und
dadurch heilt.

Denn das ist es, was unsere Welt dringend benötigt,
die wahre Kraft der Verbindung, wenn Menschen für sich stehen und trotzdem als
großes Ganzes einen Unterschied machen und niemand den anderen besitzen möchte,
sondern wir uns einander Mut zusprechen. Bedingungslos!

DER KERN ERFÜLLTER BEZIEHUNGEN

Der Kern erfüllter Beziehungen

Ich glaube fest daran, dass jede zwischenmenschliche Beziehung auf Gefühlen beruht. Es ist die Grundhaltung gegenüber Freunden, Partnern, Kindern oder Kollegen, die uns überhaupt dazu befähigt, das Gegenüber wahrzunehmen, indem wir gemeinsam Gefühle aller Art zutage fördern und austauschen. Je nach Typ und individuellen Prägungen ist das von Mensch zu Mensch unterschiedlich. Ich habe für dich einige Dinge zusammengetragen, die für mich den Kern, das Fundament jeder Beziehung ausmachen:

- Ehrliches Interesse am Wesen des anderen
- Mich im Gegenüber erkennen
- Gemeinsame Lern- und Entwicklungsaufgaben verstehen und wachsen
- Reflexionsvermögen: Mir darüber bewusst zu werden, warum meine Emotionen durch Handlungen oder Worte eines anderen ausgelöst werden; meine Handlungsweise und Kommunikation zu verstehen sowie Verantwortung dafür zu übernehmen
- Loslassen: Andere Lebenswege, Meinungen, Facetten des Gegenübers verstehen und erkennen, dass sie gut sind, wie sie sind, auch wenn sie für mich nicht gelten
- Offene Kommunikation: Ich rede über das, was ich fühle, denn was ich nicht sage, kann mein Gegenüber nicht hören.
- Verständnis hinsichtlich Erziehung und Prägungen: Jeder blickt durch (s)eine Brille, mein Gegenüber sieht die Welt nicht zwangsläufig wie ich; die Brille wird auch durch ein gebrochenes Herz und Glaubenssätze eingefärbt.
- Nicht aneinander zerren: Mich stattdessen fragen, *warum* ich den anderen verändern möchte. Was projiziere ich möglicherweise (Erfahrungen aus der Kindheit, Ängste et cetera)?
- Das Leben als Fluss verstehen: Die Natur verändert sich ständig, Stillstand ist Tod. Ich darf anerkennen, dass auch Beziehungen sich verändern, verschwinden und neue dazukommen, ohne dies zu bewerten oder starr an ihnen festzuhalten.
- Selbstwert etablieren: Der Frage nachgehen, wer ich bin und was ich brauche; eigene Bedürfnisse aussprechen und nicht denken, ich wäre »falsch«, weil ich anders als das Gegenüber fühle, handle, lebe
- Ehrlichkeit mit mir, hinterfragen, ob ich eine Beziehung aus äußerlichen

Gründen eingehe, zum Beispiel wegen Sicherheit, wegen gesellschaftlichem Ansehen oder Glaubenssätzen, oder ob es um diesen Menschen geht

Beziehungen als Lernfeld

Niemand kann dich von außen glücklich machen, nur du dich selbst, von innen.

Dieser Satz beschreibt für mich die wichtigste Zutat einer Beziehung. Ich habe dann Raum, mich auf einen anderen Menschen einzustellen, wenn ich weiß, wer ich bin und meine eigene Entwicklung beobachten und kommunizieren kann. Eine erfüllte und friedvolle Beziehung ist für mich nicht dadurch gekennzeichnet, dass sie ohne Konflikte abläuft oder von ständiger Erfüllung geprägt ist. Im Gegenteil: In einer selbstbewussten Beziehung ist man fähig, jeglichem Konflikt erwachsen und mit Bewusstsein zu begegnen und dadurch die Verbindung zu halten und auf sichere Füße zu stellen. Es geht in einer erfüllten Beziehung maßgeblich um deinen inneren Frieden, den du spürst, egal, welche Situation dir begegnet. Dies ist ein Frieden, den du durch offene Kommunikation herstellen kannst, weil du deine und die Bedürfnisse des anderen kennst und du offen darüber sprechen kannst. Du etablierst diesen inneren Frieden im Wissen um dein Gegenüber, weil du dich nicht persönlich angegriffen fühlst oder in einem kindlichen Muster verharrst.

Durch dein Vorbild erfahren die Menschen in deinem Umfeld mehr innere Ruhe und können sich und das Gegenüber wahrnehmen. Eine Beziehung ist für mich dann erfüllend, wenn du dich in deinem Wesen zeigen kannst – egal in welcher Facette oder mit welcher Emotion –, wenn du dich geliebt und angenommen fühlst und Offenheit, Vertrauen sowie Liebe als Fundament etabliert sind. Welche Form von Beziehung du auch immer eingehst, sei es die Elternschaft zu deinem Kind, eine Freundschaft, eine Partnerschaft oder ein kollegiales Miteinander – jede dieser Beziehungen kann dich etwas über dich und dein Gegenüber lehren, wenn du offen dafür bist. Das Human Design ist ein fantastisches Tool, um diese Dinge analytisch anzugehen und sowohl dein Gegenüber als auch dich selbst und eure gemeinsame Energie zu verstehen.

Was hier allerdings so einfach klingt, ist es im Alltag leider nicht. Nur allzu oft erleben wir uns in Beziehungen, die alles andere als erfüllend und stattdessen von Reibung, Kampf, Macht, Angst sowie Abhängigkeit geprägt sind. Warum das so ist, erfährst du im nächsten Kapitel.

Was verhindert oder stört erfüllte Beziehungen?

Das ist eine große Frage, die eigentlich ein weiteres Buch füllen könnte. Ich möchte dir dennoch einige Dinge aufzeigen, die in zwischenmenschlichen Beziehungen häufig zwischen den Beteiligten stehen und diese deshalb vor große Herausforderungen stellen. Du findest in diesem Ratgeber Anregungen, damit du erkennst, welche Dinge unter der Oberfläche von Beziehungen brodeln können und was erfüllten Beziehungen im Weg stehen kann.

Glaubenssätze und Handlungsmuster

Glaubenssätze wie »Ein Indianer kennt keinen Schmerz« entstehen vorrangig in den ersten acht Lebensjahren, und wir tragen diese als Erwachsene in all unsere Beziehungen hinein. In dieser Zeit findet die Hauptprägung unserer »Gehirn-Hardware« statt, wir lernen von unserem direkten Umfeld und nahestehenden Bindungspersonen, worauf wir als Erwachsene zurückgreifen werden. Wir verinnerlichen richtungsweisende und wichtige Glaubenssätze, die Art, wie eine Beziehung geführt und was uns als Liebe vermittelt wird, und vieles mehr. Wir adaptieren in dieser Phase beispielsweise den Bindungsstil, den unsere Eltern uns vorleben. Das kann dazu führen, dass wir als Erwachsene aus vermeintlich unerklärlichen Gründen handeln, die uns am Ende aber schützen soll(t)en. Allerdings hemmen uns gerade diese Verhaltensmuster, unser wahres Wesen zu zeigen oder das Wesen des Gegenübers kennenzulernen.

Die Kampfarena der inneren Kinder

Wenn erwachsene Menschen ihre Boxhandschuhe anziehen, sich verletzen, sich gegenseitig ständig triggern, sich auf die Palme bringen und doch nicht voneinander lassen können, sind meist ihre sogenannten inneren Kinder am Start. Sie zeugen von einem unerfüllten Bedürfnis aus der Kindheit; gewinnen sie die Oberhand, verhalten wir uns als Erwachsene nicht neutral und diplomatisch, sondern irrational und aggressiv. In der Folge kommt es zu Verletzungen, Streit, Diskussionen, Unruhe und emotionalem Ungleichgewicht. Reflektierte Gespräche kommen nicht zustande, wenn es in beiden Beziehungspartnern brodelt oder eine Mutter sich von ihrem Kind ständig getriggert fühlt. Ich empfehle an dieser Stelle die Bücher von Stefanie Stahl (siehe Literaturliste im Anhang). Die Arbeit mit dem inneren Kind ist für mich die wichtigste Beziehungsarbeit, wenn man sich selbst besser verstehen und friedvolle Beziehungen etablieren will.

Das »Wir sind alle gleich«-Denken

Großes Konfliktpotenzial in Beziehungen entsteht, wenn man glaubt, dass alle Menschen denselben Lebensweg gehen müssen, alle dieselben Fähigkeiten und dieselben Träume und Ziele haben. Erreicht man nicht, was vorgegeben scheint, oder geht man einen anderen Weg, ist man schlichtweg gescheitert, falsch, das schwarze Schaf, der »Freigeist«, der nichts auf die Reihe bekommt. Aus der fälschlichen Annahme heraus, dass wir alle gleich sind, entstehen Druck, Vergleich, Zwang und das »Ziehen« am Gegenüber, das sich doch bitte so verhalten soll, wie ich es für richtig halte. Danke, Human Design, für die Erkenntnis, dass die vorherrschende gesellschaftliche Meinung darüber, was ein stabiler Lebensweg ist, tatsächlich auf die wenigsten Menschen zutrifft.

Taubheit gegenüber eigenen Emotionen

Aufgrund unserer Erziehung und Prägungen sind die meisten Menschen ihren eigenen Bedürfnissen gegenüber taub und können gar nicht benennen, was sie fühlen oder wer sie sind. Sie funktionieren lediglich. Diese Taubheit dem eigenen Körper gegenüber und die Entfremdung von der Natur nimmt immer größere Ausmaße an und entfernt den Menschen von sich selbst. Unser Gegenüber kann seine Bedürfnisse oft nicht kommunizieren und muss dies erst schrittweise wieder erlernen. Zudem gilt oder galt es als Schwäche, emotional oder wild zu sein, in der Öffentlichkeit zu weinen oder Wut zu zeigen. Diese inneren Sperren und die Taubheit tragen leider eine Menge von uns mit sich herum, was es umso schwerer macht, tiefe Beziehungen zu einzugehen.

Fehlende Reflexions- und Kommunikationskultur

Leider reden die wenigsten Menschen regelmäßig miteinander darüber, wie sie sich fühlen, was sie brauchen und wie sich bestimmte Verhaltensweisen auf sie auswirken. Wir kommunizieren nicht, ziehen uns zu oft zurück, schlucken Dinge hinunter oder halten um des lieben Friedens willen den Mund. Das betrifft die Kommunikation mit anderen, aber zunächst die Kommunikation mit uns selbst. Wenn ich mein Bedürfnis nicht kenne oder warum ein Gefühl in mir entsteht, wie soll es mein Gegenüber wissen? Wenn ich nicht sage, dass ich Angst habe, wie kann mein Gegenüber mir Schutz bieten? Offene Kommunikation und Reflexion machen verletzlich, gleichzeitig fördert beides eine tiefe Ehrlichkeit und Verbindung zutage, die ich mir für alle Beziehungen wünsche. Damit das Rätselraten ein Ende hat, damit ich weiß, was in meinem Gegenüber vorgeht und wann ich es in

Ruhe lassen soll. Leider ist diese Gesprächskultur wenig etabliert, was oft zu Missverständnissen führt oder dazu, dass ich zu wissen glaube, was mein Gegenüber denkt. Und das wiederum führt zu noch mehr Missverständnissen.

Mangelnde Eigenverantwortung

Sehr viele Beziehungen werden aus falschen Glaubenssätzen, Angst oder Sicherheitsbedürfnis heraus eingegangen. Ich sage es nur ungern, aber viele Menschen haben gelernt, dass es gefährlich ist, sein Leben in die eigene Hand zu nehmen, dass es besser ist, sich in Sicherheit zu wiegen. Die wenigsten Menschen fragen sich, was sie wollen, und trauen sich nicht, ihren Weg zu gehen, weil sie schlichtweg nie gelernt haben, dass das eine Option im Leben sein kann. Die Verantwortung für die eigenen Gefühle, für die Gesundheit des Körpers wird abgegeben, an den Chef, den Partner, das System, die Politik, die Ärzte, den Berater, die Erwartungen der Menschen um einen herum. Das führt zu sehr schwammigen Beziehungen, Abhängigkeiten und Beziehungsstrukturen, die alles andere als gesund, stärkend und liebevoll sind.

Unfähigkeit, die eigenen Emotionen zu erkennen und zu regulieren

Unsere Eltern sind unter anderem dazu da, um uns zu co-regulieren, denn das können Babys und Kleinkinder noch nicht eigenständig. Sie lernen den Umgang mit Emotionen von ihren nächsten Bindungspersonen – oder eben auch nicht. Denn häufig ist diese Bindungsperson nicht in der Lage, sich zu regulieren. So wissen wir als Erwachsene häufig nicht, wie wir mit Schmerz, Wut oder sogar Freude umgehen sollen. Dieser traurige Zustand führt zu Hilflosigkeit, mit der wir dann unseren Beziehungen gegenüberstehen, denn was wir nicht gelernt haben, können wir nicht leben.

Die falsche Suche nach Liebe im Außen

Unsere Großeltern oder Eltern sind Teil der Nachkriegsgeneration, in der es darum ging, ein Land wieder aufzubauen und versorgt, also ernährt, zu sein. Diese Zeit brachte es leider mit sich, dass Mütter und Väter zwar eventuell verfügbar, aber nicht emotional anwesend waren. Es ging hauptsächlich darum, den Kindern ein sicheres Leben mit ausreichend Nahrung zu bieten. Man hört heute noch den Satz »Euch ging es doch immer gut, euch hat es an nichts gefehlt«. Hauptprägungen aus dieser Zeit sind Funktionieren, Disziplin, Erlangen materiellen Besitzes, Streben nach Anerkennung für gesellschaftlichen Status – oft die einzige Anerkennung – und dafür zu sorgen, dass der Kühlschrank immer voll war. Dieses Gefühl setzt sich bis in meine Generation fort. Wir suchen »Liebe« fälschlicherweise in der Anerkennung für unser Tun (Karriere), in materiellen Gütern, im Status, im Essen. Wir waren sicher immer alle satt, aber nie genährt mit echter Verbindung und Liebe. Dieses Phänomen der Nachkriegsgeneration ist immer noch in vielen Beziehungen präsent, in denen sich Partner, Freunde oder Kollegen zusammenschließen, um sich »satt« zu machen, aber dabei innerlich leerer werden. Wir suchen Liebe oder in Wahrheit die mütterliche oder väterliche Geborgenheit im Außen und projizieren diese Sehnsucht auf die Beziehungen um uns herum – keine gute Basis für eine tiefe Verbindung. Na, hast du dich oder dein Gegenüber erkannt?

Wenn du die tieferen Grundlagen unserer gesellschaftlichen Prägungen, Bindungen und Beziehungen verstehen willst, die ich hier wirklich nur skizziert habe, lasse dich durch die Literaturempfehlungen im Anhang inspirieren.

Der direkte Weg zu erfüllten Beziehungen

Beziehungen sind ein lebenslanger Lernprozess für jeden Menschen. Ich habe kein Patentrezept für erfüllte Beziehungen, aber ich stelle dir eine Methode vor, die es dir ermöglicht, ohne großes Vorwissen sofort einzusteigen und dich und dein Gegenüber besser kennenzulernen. In meiner Arbeit mit Kindern, Eltern und anderen Erwachsenen hat sich in den letzten Jahren vor allem eine Frage als essenziell herausgestellt. Sie führt ohne Umwege zu offener Kommunikation und trägt damit oft zur Auflösung von Mustern bei; gleichzeitig schafft sie Verbindung. Die Frage ist so simpel wie prägnant:

»Was brauchst du (gerade)?«

Wenn sich Emotionen hochschaukeln und starre Verhaltensmuster auftauchen, wäre es an der Zeit, genau diese Frage zu stellen: Was brauchst du jetzt gerade, in diesem Moment? Weißt du,was du gerade brauchst, und kannst es fühlen? Welche Entscheidung oder welcher Ausgang würde dich JETZT zufriedenstellen?

Diese Frage kostet Mut und ist gleichzeitig ein wichtiges Puzzleteil, weil es alle Beteiligten auf sich zurückwirft. Was brauche ich gerade, damit es mir gut geht? Was bezwecke ich mit einem Konflikt oder meinem Handeln in diesem Moment? Nicht selten habe ich erlebt, dass Menschen, die heftig kämpfen, diskutieren und sich rechtfertigen, eigentlich nur eine Umarmung vom Gegenüber möchten. Sie möchten gesehen werden und wissen nicht, wie sie sich anders bemerkbar machen sollen.

GRUNDLAGEN DES HUMAN DESIGN IN BEZIEHUNGEN

Human Design: Potenziale des Zusammenlebens freisetzen

Wie kann uns das Human Design dabei helfen, erfüllte Beziehungen mit uns selbst und anderen zu führen? Es hilft zunächst, auf Verstandesebene zu begreifen, wie wir und unser Gegenüber gestrickt sind. Wie kommuniziert mein Partner? Wie viel Freiraum oder Nähe benötigt mein Chef? Wie trifft mein Kind Entscheidungen? Diese Fragen und viel mehr beantwortet uns das Human Design. Darüber hinaus hilft es uns zu verstehen, welche Bedürfnisse der Mensch hat. So gelangen wir zu mehr Mitgefühl und Verständnis für das Gegenüber und nehmen die Dinge weniger persönlich.

Das Human Design öffnet dir die Schatzkiste zum Wesen deines Gegenübers und eurer Beziehung, wenn du beides in der Tiefe verstehen willst. Dazu gehört, sich selbst zu sehen und die eigene Schatzkiste zu öffnen, vergiss das nicht. Im Folgenden findest du eine kurze Übersicht über die Chancen in den verschiedenen Beziehungsbereichen, die das Human Design bietet.

Welche Potenziale und Erkenntnisse das Human Design in Beziehungen freisetzen kann

Bereich Elternschaft und Kinder

- Verständnis für das Wesen des Kindes gewinnen, seine Bedürfnisse erkennen und den bestmöglichen Weg der Begleitung herausfinden
- Den gemeinsamen Verbindungsmodus und gemeinsame Bedürfnisse verstehen
- Dynamik der Elternschaft verstehen
- Eigene Trigger anhand von Human-Design-Typ und der persönlichen Art der Kommunikation entlarven
- Eigene Persönlichkeitsbetonungen und die von Familienmitgliedern erkennen

- Wissen über den inneren Drang der Kinder
- Wissen, was die Kinder brauchen, um gestärkt und geführt durch das Leben zu gehen und damit sie ein entspanntes Nervensystem ausbilden
- Bedürfnisse als Eltern erkennen und aus dem Aufopferungsmodus heraustreten, die eigene Energie vorleben

Bereich Partnerschaft

- Vollständige Akzeptanz des Partners sowohl in seinem Wesen als auch als Individuum
- Herausfinden des gemeinsamen Fundamentes der Partnerschaft und des jeweilig benötigten Maßes an Freiheit
- Wissen über Verbindungsmodus und Dynamik der Beziehung
- Bedürfnisse des Partners in Beziehungen verstehen
- Art und Weise der Liebe des Partners verstehen
- Bedürfnisse im Bereich Sexualität erkennen
- Gemeinsame Aufgaben, Lern- und Dominanzbereiche verstehen, zulassen beziehungsweise daran wachsen

Bereich Kollegen und Beruf

- Stärken und Schwächen des Kollegen, Mitarbeiters, Chefs kennen und Unterstützung bieten
- Natürliche Führungsqualitäten erkennen
- Kommunikationsstil des Gegenübers verstehen und einen gemeinsamen finden
- Emotionen des Kollegen verstehen
- Wissen darüber, wie Kollegen und Mitarbeiter unterstützt werden können, beispielsweise bei Entscheidungsfindung oder Regulierung des Nervensystems
- Wissen über die Rolle, die das Gegenüber einnimmt, und an welcher Stelle im Unternehmen er/sie sich entfalten kann
- Raum wahrnehmen, den derjenige braucht (Homeoffice, Bühne, völlige Freiheit et cetera)

- Effiziente Zusammenstellung von Teams, um Dynamiken der Persönlichkeiten zu nutzen

Bereich Freundschaft

- Wissen über das gemeinsame Fundament der Freundschaft
- Erkenntnis über herausfordernde Bereiche, in denen man wächst und inspiriert wird
- Erkenntnisse über die Elementbetonung des Gegenübers
- Wissen über Triggerpunkte und Dynamiken der Beziehung und die ideale Art der Kommunikation
- Freiheitsgrad und -bedürfnis, die beide in der Freundschaft haben
- Wissen über eure Kanäle, die die Freundschaft zusammenhalten

Wobei kann dir Wissen allein nicht helfen?

Wer mich kennt, weiß, dass ich der »Fühl-Anwalt« unter den Human-Design-Coaches bin. Das bedeutet, dass ich mich zwar gern auf Wissen berufe, weil es uns hilft, zu verstehen, aber an dich appelliere, dieses Wissen aktiv zu fühlen, damit zu experimentieren und es einzusetzen. Denn Wissen an sich ändert noch nicht viel im Alltag. Bei den folgenden Punkten braucht es dich und dein Fühlen, erst dann kannst du die Magie des Human-Design-Wissens wirklich entfalten. Wenn du die volle Schatzkiste an Möglichkeiten öffnen willst, dann darfst du:

- dich aktiv beobachten und hinterfragen,
- emotionales Bewusstsein entwickeln,
- deine Emotionen regulieren und sie leben,
- deine Bedürfnisse (angstfrei) aussprechen,
- Kommunikation im Alltag üben und eine offene Reflexionskultur pflegen,
- Resonanzen, die du bemerkst (Unruhe, Aufruhr, hochkommende Emotionen), hinterfragen, liebevoll annehmen, leben und kommunizieren,
- Schattenthemen und Konditionierungen, die du in dir erkennst, mutig angehen und eine Veränderung durch Tun bewirken,
- nicht nur andere analysieren und erkennen, sondern hauptsächlich bei dir anfangen und es anderen vorleben.

Eines sei aber auch sehr deutlich gesagt: Das Human Design ist weder ein »Heilmittel« noch kann es Blockaden, Traumata, Bindungsmuster, emotionale Abhängigkeiten, Persönlichkeitsstörungen oder psychische Erkrankungen in Lichtgeschwindigkeit auflösen. Es kann dir ein Wegweiser sein – den Weg musst du allerdings selbst gehen, mit den eigenen Füßen und mit Menschen, die dich fundiert begleiten und dir Sicherheit geben, wie Therapeuten und Spezialisten.

So nutzt du dieses Buch: Bodygraph und Composite-Chart

Der erste Schritt ins Human-Design-Wissen ist die Erstellung des Bodygraphen (»Körpergrafik«) für dich, deinen Partner, Kollegen oder deine Kinder, damit du weißt, welche Parameter jeweils vorhanden sind. Für das Erstellen des Bodygraphen benötigst du:

- Geburtsort
- Geburtsdatum
- Geburtszeit (möglichst genau)

Damit erhältst du ein Chart, das dir Typ (siehe ab Seite 35), Autorität (siehe ab Seite 103), Profil (siehe ab Seite 121) und weitere Elemente anzeigt. Dann kannst du dieses Buch zur Hand nehmen und im jeweiligen Kapitel zu lesen beginnen. Dein Bodygraph, auch Chart genannt, kannst du kostenfrei mit der Human-Design-App erstellen (siehe Link im Anhang).

Das Beziehungschart – Composite-Bodygraph

Für die späteren Kapitel des Buchs ist es hilfreich, aber nicht zwingend notwendig, ein sogenanntes Composite-Chart von dir und deinem Gegenüber zur Hand zu haben. Im Composite-Chart werden zwei Bodygraphen zu einem großen zusammengeführt, aus dem man die gemeinsame Energie ablesen kann. Ein Composite-Chart kannst du dir in den gängigen Chart-Generatoren erstellen lassen, wenn du alle Daten (Geburtsdatum, Ort, Uhrzeit) von dir und deinem Gegenüber hast. Du kannst stattdessen auch zwei einzelne Bodygraphen nebeneinanderlegen.

Derzeit gibt es leider nur einen kostenfreien Anbieter, um sich ein Composite-Chart erstellen zu lassen, und zwar eine russische Seite (siehe Link im Anhang).

Mein Tipp: Die Seite von Google Translate übersetzen lassen, und los geht's. Für die kostenpflichtige Erstellung eines Composite-Charts findest du ebenfalls Links im Anhang.

Das Human-Design-Mandala

Ebenfalls hilfreich, aber nicht zwingend notwendig für die späteren Kapitel ab Seite 89 ist das Human-Design-Mandala. Es ist im Prinzip dein Bodygraph, jedoch durch weitere Ebenen verfeinert. Dieses Mandala (du findest es auf der hinteren Umschlagklappe) gibt dir den Gesamtkontext deines Bodygraphen wieder und zeigt dir in einer Radixzeichnung an, wie dein Chart aufgebaut ist, inklusive aller Tierkreiszeichen, aller I-Ging-Tore und vielen weiteren Elementen. Hier findest du:

- Elementbetonungen (Feuer, Erde, Wasser, Luft),
- die direkte Planetenposition im Tierkreiszeichen,
- alle Tierkreiszeichen und Aktivierungen im Chart.

Auch das Mandala gibt es derzeit nicht kostenfrei im Internet (siehe Links im Anhang). In diesem Buch findest du auf Seite 219 allerdings eine Nachschlagetabelle der Tore, Elemente und Zeichen, aus der du leicht entnehmen kannst, was auf dich zutrifft. Da im Mandala immer fix fünf bis sieben Tore einem Zeichen und somit einem Element zugeordnet sind, kannst du mithilfe der Tabelle alles Wichtige ohne Mandala für dich ableiten.

Der Bodygraph
kostenfrei erstellbar

Informationen über:

- Typ (Grundenergie, Strategie)
- Profil (Rollen im Leben)
- Autorität (Entscheidungskompass)
- Ansicht aller Zentren, Tore und Kanäle
- Ansicht aller Tore in den Planeten
- Übersicht über den Energiefluss im Körper

Das Mandala
kostenpflichtig erstellbar

Informationen über:

- die vier Elemente: persönliche Merkmale
- Planetenpositionen: Sexualität, Partnerschaft und Kommunikation
- 12 Häuser und die jeweiligen Tore: Ausleben der persönlichen Merkmale

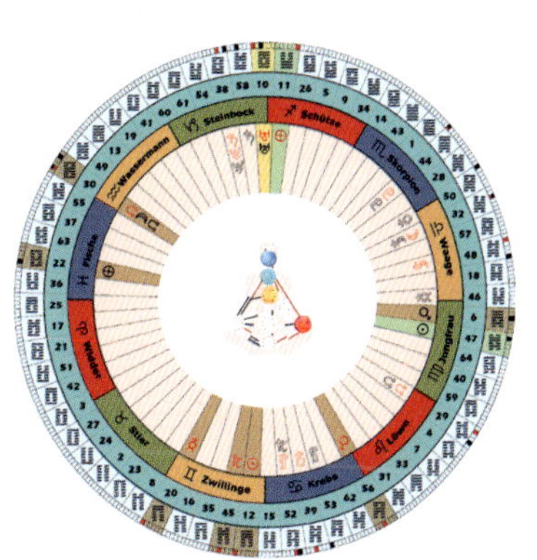

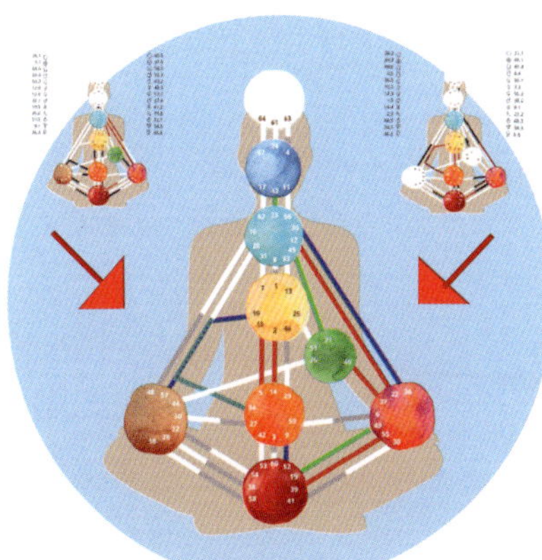

Composite Chart: Die Beziehungsdynamik
kostenpflichtig oder selbst erstellbar

Informationen über:

- die gemeinsame Energie
- Verbindungsmodus der Beziehung
- Freundschafts-, Anziehungs-, Dominanz- und Kompromissbereiche
- Die Sex-Streams

Die wichtigsten Elemente für Beziehungen im Chart

Wichtig zu wissen ist es, dass wir im Human Design unendlich viele Details und Elemente finden, die wir zum Thema Beziehungen abgleichen und analysieren können. Um einen einfachen Einstieg zu ermöglichen und vor allem den Fokus nicht zu verlieren, habe ich dir alle Elemente aufgelistet, die zum besseren Verständnis einer Beziehungsdynamik als Basis betrachtet werden sollten. Diese sind:

- Welcher Grundtyp ist dein Gegenüber?
- Wie kommuniziert dein Gegenüber?
- Wie trifft dein Gegenüber Entscheidungen?
- Welche Rollen spielt dein Gegenüber in seinem Leben?
- Welche Gemeinsamkeiten, Anziehung und welche Lernaufgaben gibt es, die euch verbinden?
- Welchen Verbindungsmodus hat jeder von euch in einer Beziehung?
- Welche Persönlichkeitsbetonung hat dein Gegenüber?
- Wie lebt dein Gegenüber die Themen Sexualität, Beziehung, Familie, Freundschaft, Beruf aus?

Auf all diese Fragen erhalten wir im Human-Design-Chart Antworten. Du findest im Anschluss eine Kurzbeschreibung der einzelnen Aspekte, auf die wir in den kommenden Kapiteln eingehen, um ein besseres Verständnis für die Beziehungsdynamik zu erhalten.

Energietyp: Welche Grundenergie hat dein Gegenüber?

Dein Energietyp (Generator, Manifestor, Projektor, manifestierender Generator oder Reflektor) beschreibt die Grundenergie dessen, wie dein Gegenüber mit der Umwelt agiert und in Kontakt tritt. Dein Typ wird dir in allen Chart-Generatoren automatisch angezeigt (mehr zu den Typen im Human Design ab Seite 35).

Autorität: Wie trifft dein Gegenüber Entscheidungen?

Deine Autorität zeigt dir, wie dein Gegenüber Entscheidungen trifft, welche »Mechanik« beim Entscheidungsfindungsprozess anspringt und was dein Gegenüber benötigt – Zeit, Fragen, Raum zum Sprechen –, um Entscheidungen zu treffen. Du erfährst über die Autorität, ob du es zum Beispiel mit einem Herz-

oder einem Bauchmenschen zu tun hast und was das in einer Beziehung bedeutet (mehr dazu ab Seite 103). Die Autorität entsteht aus deinen spezifischen Aktivierungen und wird dir in allen Chart-Generatoren automatisch angezeigt.

Profil: Welche Rollen spielt dein Gegenüber im Leben?

Die Profile zeigen an, welche Rollen dein Gegenüber im Leben spielt: Indiana Jones oder doch eher Yoda? So findest du leicht heraus, welche Grundenergie prägend für dein Gegenüber ist und ob du es mit einem lebenshungrigen Abenteurer zu tun hast oder mit einem hoch über den Dingen kreisendem Adler. Das Profil 5/2 zum Beispiel wird dir in allen Chart-Generatoren automatisch angezeigt. Wie man es aus dem Chart liest, erfährst du ab Seite 121.

Elemente: Wie drückt sich die Betonung der Persönlichkeit in deinem Gegenüber aus?

Feurig oder eher fließend wie Wasser? Die Elementbetonung ist eine »Note« beziehungsweise ein übergeordneter Zustand, der durch die Elemente – Feuer, Erde, Wasser, Luft – beschrieben wird und in der Persönlichkeit deines Gegenübers dauerhaft präsent ist. Das Element verweist auf die Bedürfnisse, die in der Beziehung für dich und dein Gegenüber von Bedeutung sind. Die Elementbetonung kannst du aus dem Human-Design-Mandala ablesen. Wie das genau funktioniert, erfährst du ab Seite 89.

Zwölf Häuser: Welche Ausprägungen zeigt dein Gegenüber in den Bereichen Liebe, Sexualität, Beruf und Familie?

Die zwölf Häuserbereiche sind fix einem Tierkreiszeichen und jeweils fünf bis sieben Toren zugeordnet und stehen immer für einen Lebensbereich, wie etwa Haus 8 für Sexualität und Transformation. Mithilfe der Toraktivierungen findest du heraus, in welchem Lebensbereich du oder dein Gegenüber eine Aufgabe hast beziehungsweise hat. Die Persönlichkeitsaspekte kannst du aus dem Human-Design-Mandala und den Toren für dich ablesen. Eine Anleitung dazu findest du ab Seite 137.

Composite: Verbindungsmodus und gemeinsame Energie

Wenn zwei Energien zusammenwirken, erhalten wir in Beziehungen eine gemeinsame Energie, dadurch entsteht eine Verbindungsenergie zwischen zwei oder mehreren Menschen, die zum Beispiel »luftig« oder »stabil« sein kann. Der Verbindungsmodus zeigt dir an, worauf ihr in eurer Verbindung achten dürft. Den Verbindungsmodus kannst du aus einer Composite-Chart ablesen. Wie das geht, erfährst du ab Seite 156.

Kanäle: Anziehung, Dominanz, Freundschaft, Kompromiss

Die Verbindungskanäle in einem gemeinsamen Chart zeigen an, wo es zu Anziehung, Dominanz, Freundschaft oder Kompromissen kommt. Wer lernt was von wem und wie ist die »Harmonie« in diesem Bereich? Die sogenannten Sex-Streams sind, als eine Sonderform der Kanalschaltkreise im Human Design, ebenfalls erwähnt und zeigen die gemeinsame Art der Sexualität an. Die Kanalarten kannst du aus einer Composite-Chart ablesen (Anleitung ab Seite 153).

Planetenschlüssel für Beziehungen: Venus, Mars, Merkur

Die Planetenschlüssel sind bei jedem Menschen einzigartig und beschreiben die feine Note der Kommunikation (Merkur), der Weiblichkeit und Sinnlichkeit (Venus) sowie der Sexualität (Mars). Mithilfe dieser Schlüssel findest du im individuellen Tierkreiszeichen des Human-Design-Mandalas noch feinere Aspekte einer Persönlichkeit heraus. Die Planeten kannst du aus dem Human-Design-Mandala und deinem Chart ablesen, Genaueres dazu findest du ab Seite 179.

Keine Schublade, bitte: Der achtsame Umgang mit dem Human Design

Über den generellen, achtsamen Umgang mit Human Design habe ich in meinem Grundlagenbuch ausführlich geschrieben. Hier nur so viel als kurzer Reminder für dich:

- Du bist nicht dein Chart, leg das Wissen mal beiseite und lebe im Experiment und Fühlen. Erfahre die Dinge und erkenne dich darüber selbst.
- Die Verantwortung, inwieweit du in Resonanz gehst mit dem Gelesenen, liegt bei dir – spür hinein.
- Human Design ist kein »Heilmittel« oder eine dauerhafte Entschuldigung dafür, dass man nicht aus der Komfortzone kommen will und seine Ängste kaschiert.
- Human Design soll nicht schubladisieren, sondern ermächtigen. Erkenne dich in ähnlichen Energien, aber wisse immer: Kein Mensch auf der Welt ist wie du, auch wenn bestimmte Merkmale zum besseren Verständnis in »Gruppen« gefasst werden.

Composite-Charts sind tiefgreifende Einblicke in das Wesen der beteiligten Personen und ihre Beziehung zueinander. Ein achtsamer Umgang ist deswegen unerlässlich. Hier einige Anregungen für dich.

Übergriffige Einsichtnahme in Charts

Das Human Design zeigt dir einen Menschen in der Tiefe und Gänze. Du solltest also von deinem Gegenüber die Zustimmung holen, wenn du Einblick in seine Persönlichkeits-DNA haben willst. Bitte beachte, dass ein Blick ins Chart deines Kindes ebenfalls übergriffig sein kann. Hole dir gegebenenfalls einen erfahrenen Reader an deine Seite, der dir Auskunft über die Chart-Elemente deines Kindes gibt. Der Reader nimmt eine neutrale Position ein, die du als Elternteil oder Partner meist nicht einnehmen kannst. Überlege dir genau, warum du Einblick in ein Chart nehmen willst: um dein Kind zu lenken, deinen Partner zu leiten, oder gar, um dich von deinen Problemen abzulenken? Braucht es das Chart, um Fragen zu klären, oder bekommst du durch gute Kommunikation, Sensibilität und Empathie auch eine Antwort? Bedenke: Ständiges Analysieren über das Human Design kann prima als Ablenkung dienen, um nicht kommunizieren zu müssen. Mach dir bewusst, dass es im Leben um das Leben geht und nicht darum, jede Sekunde, Handlung und Verhaltensweise in der Tiefe zu erklären und zu zerreden.

Und ganz wichtig: Fang bei dir an – bevor du anderen Rat gibst. Kenne dich, dein Chart, deine Schattenthemen und übe dich in offener Kommunikation. Lebe vor, bevor du andere analysierst und ihnen womöglich sagst, was gut für sie ist. Kommuniziere stattdessen anderen, wie man mit dir am besten umgeht und was du für ein Typ bist.

Das Wissen um das Human Design anderer soll keinen People Pleaser aus dir machen: Nur, weil du über dein Gegenüber etwas erkannt hast, heißt das nicht, dass du alles akzeptieren und annehmen musst. Wahre deine Grenzen im Alltag trotz Mitgefühl. Fange nicht an, Konflikte bewusst zu vermeiden und es allen recht machen zu wollen. Wissen kann helfen, Konflikte präventiv abzumildern und ins Gespräch zu kommen, aber es ist nicht dazu da, Reibung zu verhindern.

HUMAN DESIGN TYPEN
IN BEZIEHUNGEN

Welcher Energietyp ist dein Gegenüber?

Legen wir direkt los mit dem wichtigsten Faktor – dem Typ deines Gegenübers. Wir finden im Human Design fünf sogenannte Energietypen, deren ähnliche Merkmale in »Gruppen« zusammengefasst sind. Diese sind:

- Generator
- Manifestor
- Manifestierender Generator
- Projektor
- Reflektor

Die Gruppierung erfolgt nicht, um die Menschen in Schubladen zu stecken, sondern damit unser Verstand eine Vorstellung davon bekommt, welche Energiedynamik ein Mensch mitbringen kann. Mir ist es hier sehr wichtig zu betonen, dass diese Energie eine Art Grundbaustein ist, wie die Bodenplatte eines Hauses. Was aber alles auf dieser Bodenplatte steht, ist individuell und muss unbedingt berücksichtigt werden: Der Energietyp sagt nichts darüber aus, ob auf der Bodenplatte ein Schloss oder eine Hütte steht oder wie viele Fenster das Gebäude hat.

Da die Pauschalisierung der Human-Design-Typen immer mehr zunimmt – à la »Du bist so, also darfst du nur das« –, möchte ich dir ans Herz legen, unbedingt Typ, Autorität, Profil und Elementbetonung des Gegenübers mit einzubeziehen, bevor du in die Analyse gehst. Denn diese »feinen Elemente« entscheiden maßgeblich darüber, ob du einen Indiana-Jones-Generator mit mächtig Feuer im Hintern vor dir hast oder einen Yoda-Generator, der sittsam, ruhig, gediegen und erdbetont durchs Leben geht. Es gibt große Unterschiede! Die Grundlagen findest du in diesem Buch als kurzen Typensteckbrief, ebenso die Ausprägung der Energietypen in diversen Beziehungen und wie du dein Gegenüber typgerecht unterstützen kannst.

Steckbrief:

- 36 Prozent der Bevölkerung
- Schöpfer und Flow-Master
- Kraftquelle unserer Welt
- Erhalter von Lebensenergie
- Spezialist in seinem Bereich
- Antrieb: Freude beim Tun
- Strategie: auf das Leben reagieren und prüfen, ob der Motor zündet (JA/NEIN)
- Wichtigstes Tool: Bauchstimme und Körperbewusstsein
- Indikator für Energiestau: Frustration, Widerstand
- Herausforderung: Umgang mit Druck und Grenzen lernen

… fühlt sich wohl, wenn:

- er seinem Flow folgen kann/darf und nicht unterbrochen wird
- er erschaffen kann und ein Ergebnis sieht
- er in seinem Wesen gesehen wird und nichts »leisten« muss für Liebe und Anerkennung
- er andere in Bewegung bringt

… darf lernen, dass:

- er Nein sagen darf, wenn er Druck verspürt oder Grenzen überschritten werden
- nicht die ganze Last der Welt auf seinen Schultern liegt
- sein Selbstwert nicht von der Einschätzung anderer abhängt
- sein Körper den Weg kennt

… das macht ihm Angst:

- immer mehr leisten zu müssen und unter Druck zu brechen
- seinen Spezialistenbereich nicht zu finden
- nicht gut genug zu sein mit seinem reinen Wesen und Talent

… das lässt ihn strahlen:

- Vertrauen in sein Bauchgefühl und den Körper zu spüren
- Akzeptanz und bedingungslose Liebe für sein Wesen
- Freiraum zum »Erschaffen«

Der Generator in Beziehungen

Generatoren sind in Beziehungen wahre Schöpfer, Erschaffer und kreative Umsetzer. Man könnte sagen, sie sind Macher und sorgen dafür, dass Ideen, Projekte sowie Impulse in echte Materie umgesetzt werden. Sie packen die Dinge an und haben anscheinend Zugang zu schier unendlicher Lebensenergie. Wenn den Generator etwas begeistert, kann er sich ohne Unterlass dieser Sache widmen und Kraft in ihr finden – sei es die Arbeit, die Familie oder die Beziehung, die ihn beflügelt. Wichtig für den Generator ist, dass er genau das im Leben findet, das einen nährenden Flow-Zustand in ihm auslöst. Die starke innere Stimme, die Generatoren mitbringen, ist ausschlaggebend für ihren Weg und sollte unbedingt beachtet und gehört oder zumindest trainiert werden (mehr dazu im Kapitel über sakrale Autorität, siehe Seite 108). Den Generator in Beziehungen kann man beschreiben als:

- Power-Papa oder Power-Mama,
- Partner mit dem Bauchgefühl-Mojo (Mojo siehe nächste Seite unten).
- Master des Flow und der Synchronizität,
- sprudelnde Quelle der Kraft und Energie,
- Berufsspezialisten, Experten und Werkelkönig oder -königin.

Leitsätze für Beziehungen mit Generatoren

- Ich lasse dich in deinem Flow sein und respektiere dein Tun.
- Ich liebe, was du erschaffst.
- Ich akzeptiere dein Nein, aber zeig es mir auch.
- Ich vertraue auf dein Bauchgefühl und bestärke dich darin.
- Ich nutze deine Leuchtkraft, um in Gang zu kommen.
- Ich finde mit dir zusammen deine Art des erfüllenden Erschaffens.
- Ich mache dir keinen Druck, anders sein zu müssen.
- Ich lasse dich deinen Weg wählen und deine Energie frei fließen.

Der Generator im Berufsleben

Generatoren können, wenn sie ihrem Flow und ihrer Freude folgen, viel und ohne Unterlass arbeiten. Das setzt aber voraus, dass sie einem Beruf, einer Berufung nachgehen, der beziehungsweise die den inneren Motor nicht ausgehen lässt. Sie benötigen häufig neuen Treibstoff für ihren Motor wie Freude und Begeisterung für eine Sache, ein höheres Ziel, ein Produkt, um sich hingeben zu können. Für einen Generator ist es im Berufsleben wichtig, diese Erfüllung zu finden, wenn er gesund und kräftig bleiben möchte. Folgen Generatoren einer Aufgabe oder einem Beruf, die oder der sie nicht erfüllt, geht ihnen die innere Freude aus und Frustration macht sich ebenso wie körperliche Erschöpfung schnell bemerkbar.

Der Spezialist, der liebt, was er tut

Generatoren können enorme Spezialisten in dem Bereich werden, der sie begeistert. Sie sind nicht nur ideale Facharbeiter, sondern auch grandiose Unternehmer und Selbstständige, wenn das, was sie tun, sie nährt. Für den Generator ist es wichtig, sich mit einem riesigen inneren Strahlen und einem absoluten Ja in die Arbeit zu vertiefen, denn er lädt sich mit jeder Minute mehr Arbeit auf. Und genau dieses Lebensgefühl darf sich beim Generator einstellen: dass seine Arbeit ihn beflügelt, ihm Kraft gibt und er morgens bereits Lust hat, diese erneut zu verrichten. Wichtig dabei ist zu verstehen, dass ein Generator keine körperlich anstrengende Arbeit machen muss, er kann es aber durchaus, wenn er möchte und es ihm guttut. Viele Generatoren tauchen gern tief und stundenlang in ihren Werkelmodus ein und spüren sich dabei intensiv. Es ist aber kein Muss für einen Generator, eine Arbeitsbiene zu werden. Ganz oben steht immer die Frage: Wie geht es meinem Flow und meinem Körper? Treibt mich das, was ich tue, von innen an? Und da können es, je nach weiteren Ausprägungen im Chart, nur zwei Stunden Arbeit täglich sein, die bereits enorme Kräfte im Generator freisetzen.

Das Mojo zeigt den beruflichen Weg

Dein Mojo ist deine persönliche innere Kraft, dein Flow, dein Glücksbringer im Inneren, der dich weise leitet und andere freudig mitreißen kann. Es ist mehr ein Lebensgefühl oder ein Ausdruck als ein beschreibbares, greifbares Ding. Es ist eben DEIN Flow-Gefühl, dein Mojo.

Falls du einen Generator in deinem Umfeld hast, der seine Berufung noch nicht gefunden hat, dann erinnere ihn stets an sein Mojo, daran, dass er ein intuitives, mechanisch-wirkendes Wesen ist. Sein Körpersystem zeigt in erster Linie über das sakrale Klicken an, wenn etwas richtig für ihn ist (mehr dazu erfährst du im Kapitel über die sakrale Autorität ab Seite 108). Der Generator auf der Suche nach einem Job oder Verwirklichung darf genau auf sich hören und beim kleinsten Nein einen anderen Weg wählen.

Dazu ein Beispiel: Der Generator wird zu einem Vorstellungsgespräch eingeladen. Bereits nach wenigen Minuten merkt er, dass sich sein Körper verschließt und die Antriebskraft für diesen Job erlischt. Die sakrale Stimme hat deutlich Nein gesagt – zur Atmosphäre, zum Gesprächspartner, zur Aufgabe, zu was auch immer. Der Generator sollte diese Stimme in sich wahrnehmen und ihr folgen, denn das sakrale Energiesystem tastet in Sekundenschnelle alles ab, was mit dieser Entscheidung einhergehen würde, und votiert in diesem Moment für Nein.

Ich appelliere hier an alle Generatoren, auf das eigene System zu hören und eventuell passende Jobfaktoren wie Geld, Fahrtweg oder Aufstiegschancen völlig auszublenden. Oft ist es der Kopf, der uns in eine berufliche Situation bringt, die uns mit der Zeit jedoch müde macht und auslaugt. Ist es das wert? Das Körpersystem des Generators zeigt das bereits ganz am Anfang an. Aber manchmal fühlst du dich zu etwas gezwungen. Ich höre das leider von vielen Generatoren. Wenn äußere Faktoren und Lebensumstände dich in einen Beruf zwingen und du (noch) nicht bereit bist, etwas zu verändern, dann ist das okay. Allerdings wird dein System deutlich signalisieren, dass deine Energie dort falsch aufgehoben ist. Was du tun kannst, wenn das Leben aber nun mal gerade so ist: die Perspektive wechseln. Mach dir bewusst, welche Dinge dir dieser Job ermöglicht, welche Kollegen den Tag erträglich machen. Sorge mit kleinen Dingen für dich. Nimm dir selbst gemachtes Essen mit, stell dir Blumen auf den Tisch, höre deine Musik bei der Arbeit, beantrage einen Steharbeitsplatz, sodass du am PC auch mal den Popo schwingen kannst. Versuche, nährende Faktoren in den Alltag zu integrieren, soweit es geht, und betrachte die aktuelle Situation als »Möglichmacher« für das, was danach eventuell auf dich wartet.

Unterstützung beim Finden der beruflichen Erfüllung

Wenn du einen Generator dabei unterstützen willst, berufliche Erfüllung zu finden, dann stelle ihm die richtigen Fragen. Wenn du merkst, dass er ohne Unterlass über eine Sache sprechen kann und aus dem tiefen Inneren heraus förmlich »angezündet« ist, frage weiter: »Begeistert dich diese Firma? Kannst du dir vorstellen, dort über eine lange Zeit ein Produkt zu betreuen?« Nutze gezielt Ja-Nein-Fragen, um das System des Generators zu checken. Wie reagiert es? Wenn du merkst, dass er sich verzettelt oder langsam Frust aufkeimt, frage hier: »Geht es dir gut mit der aktuellen Situation? Macht dir deine Arbeit Freude? Müsste sich etwas verändern, damit du wieder Freude und Tatkraft verspürst? Macht dich deine Arbeit müde?« Du kannst dem Generator mit gezielten Fragen zur Eigenreflexion verhelfen und damit bewirken, dass er die Faktoren benennt, die nicht passen. Das muss nicht immer die komplette berufliche Kehrtwende bedeuten, manchmal ist es auch ein Umgebungsfaktor, der die Energie stört. Beispielsweise kann es für einen Generator mit 1er- oder 2er-Linie im Profil (siehe ab Seite 121) sehr wichtig sein, einen eigenen, separaten Arbeitsbereich zu haben, damit er sich voll und ganz auf ihr Tun konzentrieren kann. Finde mit dem Generator gemeinsam heraus, was nötig ist, damit sich das innere Mojo, der Flow, wieder einstellt; dann ermutige ihn dazu, die Dinge anzusprechen, anzugehen oder gegebenenfalls zu Kollegen oder Vorgesetzten mal Nein zu sagen.

Der Generator als Teammitglied

Wenn du einen Generator in deinem Team oder als näheren Kollegen hast, mach dir bewusst, dass Generatoren kraftgebende, erschaffende Energiemenschen sind, wenn man sie gemäß ihres Potenzials einsetzt. Aber nur dann! Sie können nicht nur Spezialisten, sondern auch enorm fokussiert sein, wenn es darum geht, ein ganzes Spezialistenteam zu entwickeln, zu betreuen, zu leiten. Dafür braucht der Generator aber eine wichtige Sache: Er muss seiner Freude folgen können. Das bedeutet für dich als Arbeitgeber oder Kollege, Folgendes abzufragen:

- In welchem Bereich des Unternehmens entfaltet sich das größte Potenzial, wenn man den Generator dort einsetzt (unabhängig von den Qualifikationen)?
- Was ist Antreiber und Vision des Generators für seine Arbeit und das Unternehmen? Wofür brennt er? Für Technologie, Team, Marke?
- Welche äußeren Faktoren braucht der Generator, um im Flow zu sein (eigenes Büro, Kaffeeplausch, Homeoffice, flexible Arbeitszeiten et cetera)?
- Für welche störenden Faktoren kann man Kompromisse finden, die es dem Generator ermöglichen, weniger Frustration zu erfahren?
- Welches Maß an Druck benötigt der Generator, um positiv in Bewegung zu kommen, und ab wann wird es zu viel?
- Welches Maß an Freiheit und Eigenverantwortung verträgt der Generator und wo ist Führung und Orientierung nötig?

Auch für Arbeitgeber, Vorgesetzte oder Kollegen gilt: in den wertschätzenden Dialog miteinander treten.

Der Generator als idealer Quereinsteiger

Vielleicht sieht man es auf den ersten Blick nicht, aber wenn der Generator für eine Sache »angezündet« ist, kann er von jetzt auf gleich enorm viel dazulernen und in kürzester Zeit umsetzen, in ungeheurer Präzision. Das qualifiziert ihn als idealen Quereinsteiger, der womöglich keine Ausbildung oder fachliche Qualifikation hat, aber die innere Begeisterung mitbringt, Neues zu lernen. Dieses innere Feuer ersetzt so manche Qualifikation. Der Generator kann sich auch flexibel auf etwas Neues einstellen, wenn er weiß, wofür er es macht, und der innere Motor schnurrt. Tatsächlich würde ich Arbeitgebern von Generatoren und Generatoren, die nach beruflichen Optionen suchen, raten, das auszuprobieren. Denn wir wissen alle, dass Wille und Tatkraft oft entscheidend sind, um eine Jobposition mit Leidenschaft zu besetzen. Seid also mutig, Chefs und suchende Generatoren, denn das Gute liegt oft so nah.

Der Generator als Chef

Wenn du als Generator in einer Führungsposition bist oder einen Generator als Vorgesetzten hast, sind zwei Dinge wichtig: das Thema Druck und das Thema Freude. Generatoren, die sprudeln, können andere durch ihren sakralen Motor enorm in Bewegung bringen und antreiben. Sie können aber auch Druck aufbauen, der das Gegenteil bewirkt. Als Vorgesetzter ist es deshalb wichtig, darauf zu achten, ab wann die eigene Begeisterung und Geschwindigkeit anderen zu viel wird und welches Maß an Druck die Mitarbeiter brauchen, um gut und sicher vorwärtsgehen zu können.

Bedenke als Generator-Chef immer, dass dein Sakral (siehe Seite 108) ein Raum ist, der andere hält. Deine Stimmung und Energie können sich also direkt auf deine Mitarbeiter legen. Selbstfürsorge ist für dich vorrangig, vor der Position oder Rolle als Chef, denn damit tust du allen anderen einen großen Gefallen. Wenn dein Generator-Chef dir Druck macht, sprich mit ihm. Wenn das nicht möglich ist, grenze dich gezielt vom Druck der anderen Person ab oder versuche, den Antriebsdruck in Produktivität zu verwandeln. Für einen Generator in Führungsposition ist es enorm wichtig, häufig zu prüfen, ob er seiner Freude folgt. Ist dies nicht der Fall, neigen Generatoren dazu, den aufgestauten Frust an Kollegen und Mitarbeitern auszulassen. Es erfordert ein hohes Maß an Reflexion und offener Kommunikation, den eigenen Antrieb als positive Kraft für sein Team zu nutzen oder offen zu kommunizieren, wenn einen als Chef Dinge frustrieren. Ebenso wichtig ist es, als Kollege oder Mitarbeiter das Gespräch zu suchen, wenn man beobachtet, dass das Gegenüber entgegen seiner Freude handelt und aus übertriebenem Verantwortungsbewusstsein Druck und Frustration entsteht.

Generatoren sind der anfälligste Energietyp für Burn-out, weil sie es anderen recht machen möchten und dazu neigen, zu oft Ja zu sagen, sich für Wertschätzung regelrecht aufzuopfern. Bist du in einer Situation, in der du das beobachtest, lerne, klare Grenzen zu setzen und Nein zu sagen. Ansonsten erlischt die Flamme der Freude und die Begeisterung auf beiden Seiten.

Der Generator als Selbstständiger

Wenn du als Generator gefunden hast, was dich erfüllt – Glückwunsch! Wenn du dich damit beruflich selbstständig machst, noch mal Glückwunsch – und Achtung! Generatoren neigen dazu, in einer Selbstständigkeit zu vergessen, mit welchem Ziel, mit welcher Vision sie losgegangen sind. Das bedeutet, dass der Generator oft viele Dinge macht oder machen muss, die nicht seiner Freude dienen. Auf einmal sind da Buchhaltung, Steuer, Organisation, Marketing, Events, Akquise und vieles andere, das mit der eigentlichen Arbeit und Quelle der Freude wenig zu tun hat. Deswegen, lieber Generator, sei achtsam. Erschaffe dir kein »Frustgefängnis« in der Selbstständigkeit, sondern beobachte dich und gib die Dinge, die dir keine Freude machen, ab, zum Beispiel an Freiberufler, Dienstleister oder entsprechende Software. Sicher wirst du am Anfang vieles selbst erledigen müssen, allein um zu wissen, wie es geht. Und im Optimalfall macht dir sogar einiges davon Spaß. Wichtig ist, dass die Dinge, die es nicht tun, andere übernehmen oder du clevere Technik einsetzt. Denn dein Flow und deine Energie werden für das, was du mit deinen Händen, deinem Wesen, deiner Leuchtkraft erschaffst, gebraucht.

Hast du einen Generator in deinem Umfeld, der selbstständig ist, und merkst du, dass seine Freude erlischt und Frustration zunimmt, stelle ihm Fragen und mach ihn auf das, was du beobachtest, aufmerksam. Gib dem Generator Raum, sich in der Selbstständigkeit zu entfalten, und störe ihn nicht, wenn er gerade am Machen und Erschaffen ist. Oft halten Generatoren ihren Fokus über mehrere Stunden und verfallen in eine Art Erschaffungsmeditation. Solltest du in diesen Momenten mit Alltagsfragen kommen, kann Frust beim Generator entstehen, weil er aus seiner Meditation gerissen wird. Lass ihn also werkeln und passe den Augenblick ab, in dem er alle fünfe gerade sein lässt, dann hast du den Fokus des

Generators an deiner Seite. Das Wichtigste, das wir für Generatoren in unserem Umfeld tun können, ist, regelmäßig zu fragen, ob innere Erfüllung und Freude noch da sind, um sie in ihrem Potenzial zu halten und Frustration und Erschöpfung vorzubeugen.

Der Generator als Elternteil

Generatoren-Eltern werden wie alle anderen Eltern in erster Linie mit sich selbst konfrontiert. Die Schmerzthemen zeigen sich im Familienleben, genauso wie die Erfüllung, die durch Elternschaft entstehen kann. Ein Generator als Elternteil, der seiner Freude folgt und im Fluss mit sich ist, kann seinen Kindern die wunderbare Generator-Energie vorleben und ihnen dadurch Folgendes zeigen:

- Auf den eigenen Körper zu achten und auf die innere Stimme zu hören
- Den Weg zu gehen, der sich gut und richtig anfühlt
- Grenzen zu setzen, die Erfüllung der eigenen Bedürfnisse einzufordern und zu leben
- Tolerant und empathisch damit umzugehen, dass andere Menschen andere Wege gehen und andere Lösungen finden
- Auf sich zu achten und dem Körper Gutes zu tun, zum Beispiel durch Ernährung, Schlaf, Sport und Bewegung

Worauf darf man als Generator-Eltern achten?

Generatoren sind sprudelnde, aktive Wesen, die ein gesundes Maß an Bewegung und Belebung benötigen, um sich ausgeglichen zu fühlen. Das bedeutet aber nicht unbedingt, dass der Rest der Familie das braucht, schon gar nicht dauerhaft. Wichtig für dich als Generator-Elternteil ist, dass du:

- deine körperlichen Bedürfnisse zum Beispiel nach dem Sport kennst und einforderst, diesen folgen zu dürfen,
- in erster Linie dich bei Kräften hältst und dich um dich kümmerst, bevor du dich um andere kümmerst – ausgenommen das Baby, das dich evolutionär braucht,
- aus dem Aufopferungsmodus rausgehst und nicht alle Familienmitglieder permanent zufriedenstellen willst – der Generator neigt zum People Pleasing.

Wenn sich der Kindheitsschmerz zeigt

Ich möchte noch darauf eingehen, auf welchen Schmerz du als Elternteil besonders achten darfst, egal ob bei dir oder deinem Gegenüber. Generatoren haben Angst davor, dass sie nicht gemocht werden oder nicht hineinpassen, wenn sie zeigen, wer sie sind. Diese Angst treibt sie oft dazu, ihr Wesen permanent zu übergehen und in den People-Pleasing-Modus zu fallen. Dadurch erschöpfen sie zunehmend und gleiten in eine Art Pflichterfüllungsmodus.

Ich weiß aus der Arbeit mit vielen Eltern, dass Elternschaft oft ein Pflichtprogramm sein kann, das einem das Gefühl gibt, sich nicht frei entfalten und zeigen zu dürfen, weil es in erster Linie um die Kinder geht. Der Frust gegenüber sich selbst, den Kindern und dem Partner ist vorprogrammiert. Als Elternpaar ist es deshalb umso wichtiger, sich gegenseitig zu akzeptieren und die Pflichten, die sich einstellen, als nährende Aufgabe zu betrachten. Es ist als Generator-Elternteil enorm wichtig zu wissen, dass man für sein Wesen geliebt wird – und das tun Kinder bedingungslos. Also zeige dich ihnen gegenüber, wie du bist, mit den Ecken und Kanten und Facetten und allen Emotionen, die dein Wesen mit sich bringt. Versuche zu sehen, ab wann du in den Pflichtmodus verfällst, und schaffe dir einen Ausgleich, der dich nährt.

Dazu wieder ein Beispiel: Der Haushalt muss erledigt werden, etwas, das dich nicht nährt. Wenn du weißt, dass jeden Abend Haushalt auf dem Programm steht, verordne dir 30 Minuten Sport, Tanz, Kochen, Genuss oder deinen Lieblingsfilm. Versuche, die Balance zu halten zwischen »Ich muss« und »Ich möchte«. Dazu gehört es, mit dem Partner darüber zu sprechen, welche Dinge euch Freude machen. Beispielsweise liebte es mein Generator-Expartner, einkaufen zu gehen, ich hingegen hasste es. Also konnte er gern diese Aufgabe für die Familie übernehmen. Dafür müsst ihr unter Umständen aus veralteten Rollenmustern ausbrechen und schauen, was beide brauchen. Verbiege dich nicht für die Familie und gib nicht deine Hobbys auf, finde besser eine Lösung, wie sie in den Familienalltag integriert werden können oder ob du die Kids miteinbeziehen kannst. Ich war beispielsweise beim Kinder-Yoga, damit ich meine Portion Bewegung bekam.

Wann immer eine innere Stimme dir sagt: »Das geht aber nicht!«, versuche, umzudenken und Lösungen zu finden, denn deine Kraft nährt als sakrale Kraft und Generator-Elternteil auch die Familie. Wenn dein Frust zunimmt, nimmt er bei allen zu und die Luft wird dick. Bewege deine Energie so, wie du es brauchst, und integriere Kinder und Partner in dein Leben – nicht umgekehrt.

Der Generator als Kind

Das Generator-Kind kann ein aktives Wesen sein, dessen intrinsische Motivation, Dinge zu entdecken, überdurchschnittlich hoch ist. Klar, es möchte seinen Motor laufen lassen und die ganze Welt magnetisch mitreißen. Aber es gibt Generatoren-Kinder, die lieber eine beobachtende Position einnehmen. Lies dazu bitte die Kapitel über Profile und Elementbetonungen (siehe ab Seite 121 und ab Seite 89). Prinzipiell gilt für Generatoren-Kinder, dass sie ihre Energie bewegen müssen, von der sie eine gehörige Portion an den Tag legen. Das kann körperliche Bewegung oder kreatives Tun sein, vom Toben bis zum Fantasiegeschichten-Ausdenken kann Aktives das Generator-Kind nähren. Wenn du merkst, dass dein Kind hibbelig oder unausgeglichen wird, mach ihm Vorschläge, lade es ein, in Bewegung zu kommen. Und das am besten mit Ja-Nein-Fragen. Der Generator kann so am besten antworten und herausfinden, was er möchte. Wenn dein Generator-Kind nichts tun möchte oder zu viel Energie feststeckt, darfst gern du entscheiden, dass ihr zusammen rausgeht, wenn du weißt, dass es dem Kind jetzt guttut. Bitte achte darauf, dass ein Kind noch nicht die Perspektive hat, die du hast, und es lernen darf, darauf zu vertrauen, dass die Erwachsenen wissen, was zu tun ist.

Den Generator einladen und animieren

Wenn du ein Generator-Kind hast, kannst du es regelmäßig einladen, Dinge zu tun, und Ideen vorgeben beziehungsweise es inspirieren, indem du mit ihm gemeinsam spielst. Je nach Typ und Definition braucht das Generator-Kind mehr oder weniger Anleitung – wichtig ist, dass du es ausprobierst und dein Kind dazu animierst, dich zu fragen, wenn es Hilfe oder Ideen haben möchte.

Es selbst entdecken lassen

Wir, als Eltern einer anderen Generation, haben sehr oft erfahren müssen, dass uns jemand sagt, wie die Dinge zu laufen haben. Das fing beim Spielen im Kindergarten an, als man uns ständig vorschrieb, wie das Spiel richtig zu spielen sei oder die Steine richtig zu ordnen seien. Ein Generator kommt allerdings erst in den Fluss, wenn er seinen eigenen Weg findet und beim Spielen und Erkunden durchaus verschiedenste Wege geht. Lass ihm diesen Freiraum und korrigiere nicht mit »Das musst du aber so machen«. Ein Generator ist intrinsisch so motiviert, dass sein Weg vielleicht ein anderer ist; beim Spiel wird er jedoch zum Spezialisten und kommt so ans Ziel. Lass diesen Fluss beim Spielen zu, sonst können Generatoren abspeichern, dass sie mit ihrer Art und ihrem Weg nicht richtig sind. Und dann stellt sich derselbe Schmerz ein wie beim Generator-Elternteil: dass man für sein Wesen und seine eigene Art, Dinge zu tun, nicht geliebt wird. Stell dir das wie ein Flussbett vor: Es gibt Wege, wo das Wasser hinfließen kann, aber diese Wege darf sich dein Kind selbst suchen. Am Ende fließt ohnehin alles Wasser ins Meer. Und wenn dein Kind einen neuen Flussseitenarm braucht, kannst du als Elternteil ihn vielleicht anlegen.

Das laute, sakrale Nein

Generatoren-Kinder hören auf ihr Bauchgefühl und können laut äußern: »Nein, ich will das nicht!« Wichtig ist, dieses Nein als Elternteil zu akzeptieren, es wahrzunehmen und nicht kleinzureden, es sei denn, es geht um die Sicherheit des Kindes. Das bedeutet nicht, dass du *jedes* Nein akzeptieren musst. Die Frage ist, wie du dein Kind begleitest und ihm erklärst, dass manche Dinge einfach sein müssen, ohne Druck auszuüben oder dem Kind das Gefühl zu geben, dass es aufgrund seines Neins nicht geliebt wird. Das Nein darf da sein, genau wie das Ja. Und ebenso die entsprechende Frustration, die aufkommt, weil es im Leben Grenzen gibt.

Wenn dein Kind emotionaler Generator ist, gib ihm Raum für seine Emotionen und unterdrücke diese nicht; zeige ihm, wie es die Emotionen rauslassen kann (Wutkissen, Stampfen, Wurfkiste). Dazu gehört natürlich, dass du deine eigenen Emotionen ebenfalls leben kannst und deinem Kind zeigst, wie man mit Wut und Tränen oder Trauer umgeht.

Der Generator als Partner

Generatoren als Partner sind Erschaffer und Macher, sie lieben den Prozess, etwas zu kreieren: ein Haus zu bauen, künstlerisch tätig zu sein, zu kochen oder Kinder großzuziehen. Der Flow im Tun ist deinem Partner wichtig, also unterbrich ihn wenn möglich nicht dabei und akzeptiere, dass er im Tun Erfüllung findet, oft mit dir gemeinsam. Sein Wirken definiert ihn auf eine besondere Weise, also unterstütze ihn in seinen Projekten und auf seinem beruflichen Weg. Der Generator findet sein »Ding« – das kann ein Hobby sein, das Umsorgen der Familie oder der Beruf.

Hast du einen Generator als Partner, darfst du auf Folgendes achten:

- Wenn sich Frust einstellt, finde heraus, warum. Oft kann der Generator seiner Freude im Alltag nicht folgen.

- Geh Kompromisse ein, damit der Generator im Alltag Freude empfindet, das strahlt auf die Beziehung aus.
- Stelle ihm am besten geschlossene Fragen, auf die er nur mit Ja oder Nein antworten kann.
- Akzeptiere seinen körperlichen Drang, sich und die Dinge zu bewegen, und gib ihm Raum, das (zum Beispiel Sport) zu tun. Wenn der Generator ausgepowert ist, ist er zufrieden.
- Erinnere ihn daran, dass er um seines Wesens willen geliebt wird und er sich nicht für alles und jeden aufopfern muss.
- Akzeptiere seine sakrale Stimme und sein klares Nein. Nimm es nie persönlich. Es ist nicht gegen dich gerichtet, sondern für ihn da.

Der Manifestor in Beziehungen

Steckbrief:

- 9 Prozent der Bevölkerung
- Visionäre und Impulsgeber
- Tiefenerfasser des Lebens
- Vorangeher und Revolutionär
- Antrieb: Frieden
- Strategie: andere informieren über sein Tun und Denken
- Wichtigstes Tool: Anbindung, emotionales Bewusstsein
- Indikator für Energiestau: Wut und emotionale Dis-balance
- Herausforderung: die eigene Größe annehmen und sich zeigen, Impulse setzen, seine Form der Freiheit finden

… fühlt sich wohl, wenn:

- er frei seinen Impulsen folgen darf
- er nicht eingeengt wird
- seine Visionen angehört und unterstützt werden
- er frei sprechen darf und verstanden wird
- man ihm Fragen stellt, wenn man ihn nicht versteht
- er abgeben kann, was ihn nicht beflügelt
- er positiv in Bewegung gebracht wird durch Unterstützung

… darf lernen, dass:

- er durch sein Wesen permanent triggert, dies aber seine Größe nicht beeinflussen darf
- er andere Menschen mitnehmen muss in seinen Gedanken
- er sich nach dem Impuls-Geben zurückzieht
- er seinen Weg immer wieder ändern darf
- er nicht anders sein muss, um geliebt zu werden
- er niemals allein ist

… das macht ihm Angst:

- machtvolle Hände, die ihn kontrollieren oder einsperren
- dass er nicht gehört oder belächelt wird
- dass er sich nicht zeigen, nicht laut sein darf

… das lässt ihn strahlen:

- offene Ohren für Visionen
- Freiheit im Tagesablauf
- Verständnis für Wandel
- wenn er Menschen begeistern und Impulse liefern darf

Der Manifestor in Beziehungen

Manifestoren sind die Visionsmaler und Impulsgeber unserer Welt. Sie sind freiheitsliebende Wesen, vor allem in Beziehungen. Sie haben mit ihrer Energie die Fähigkeit, blitzschnell Impulse zu geben und neue Ideen zu entwickeln. Kurz: Manifestoren haben die Idee, Pyramiden zu bauen, oder sie entwerfen große Bilder, die dann durch andere Menschen in der Welt realisiert werden. Sie sind hier, um Zündfunken bei den richtigen Menschen zu platzieren und somit durch ihre eigene Begeisterung buchstäblich ein Feuer in anderen zu entfachen. Sie streben grundsätzlich nach Frieden, wobei sie mit ihrer Art und Kraft kontroverse Diskussionen auslösen und andere oft triggern können. Greifbar sind sie nur, wenn sie sich öffnen und sich und ihre Größe zeigen.

Den Manifestor in Beziehungen könnte man auch so nennen:

- Den Meister der Ideen und Zündfunken
- Die mitreißende Kraft der Veränderung
- Den Menschen, der Veränderungen einleitet
- Den Neudenker, Hinterfrager, Andersmacher

Leitsätze für Beziehungen mit Manifestoren

- Ich sehe deine Größe und enge dich nicht ein.
- Ich höre deinen Ideen zu und gebe dir Raum für Visionen.
- Ich bestärke dich in unkonventionellen Dingen.
- Ich lasse dir Raum und zerre nicht an dir.
- Ich möchte dich nicht besitzen oder verändern.
- Ich nutze die Kraft deiner Ideen und lasse mich davon inspirieren.
- Ich kenne deine Angst, nicht gut genug zu sein, und biete dir einen sicheren Raum.

Der Manifestor im Berufsleben

Der Manifestor ist eine zündende, treibende und führende Kraft, die sowohl in klassischen Berufsbildern als auch in der Selbstständigkeit zu Hause sein kann, vorausgesetzt, er hat das Gefühl, selbstbestimmt und frei agieren zu können. Seine Impulskraft macht es ihm zunächst schwer, seinen Bereich des Wirkens zu finden oder neue Dinge zu initiieren. An oberster Stelle im Beruf stehen die Themen Freiheit, Eigenverantwortung und die Möglichkeit, den eigenen Impulsen möglichst ungestört zu folgen.

Die größte Herausforderung für Manifestoren in der Berufswelt, die gleichzeitig großes Potenzial hat, ist ihre Autorität. Der Manifestor ist ein natürlicher Leader, aber muss zunächst lernen, sich anzuführen und in seinem Leben Kontrolle und Eigenmacht zu erlangen. Er kollidiert auf seinem Weg mit Hierarchien, Führungsrollen, Freiheitseinschränkungen und Autoritäten, um genau das für sich zu lernen. Schon oft habe ich von Manifestoren gehört, dass sie einen Job aufgeben mussten, weil sie sich nicht »fügen« wollten. Denn das ist nicht das Naturell des Manifestors, wenn er hinter einer Sache, einem Produkt, einer Firma nicht voll und ganz steht und die Vision in sich trägt. Der Manifestor benötigt in der Berufswelt Folgendes:

- Freiheitsgefühl, Raum für Impulse und Entwicklung, offen sprechen dürfen, flache Hierarchien, keine »Chef-Pleasing«-Attitüde im Unternehmen
- Einen ungestörten Raum, in dem er seine Impulse zu Papier bringen kann und ihn keiner stört, während er in seiner Impulskraft ist
- Die Möglichkeit, mit seinen Visionen gehört oder gesehen zu werden
- Eigenverantwortung, wie ein eigenes Budget oder ein Team, und zeitliche Ungebundenheit, sodass er seinen Ideen folgen kann

Der Manifestor: Zyklischer Visionsmaler und Friedensstifter

Manifestoren entwerfen blitzschnell das Gesamtbild eines Projekts, Produkts oder Menschen. Wenn das Werk vollendet ist, legen sie allerdings den Pinsel schnell wieder weg. Das Bild darf dann wirken, auf alle, die es sehen wollen, auf alle, die das Bild vielleicht in Materie umsetzen wollen. Ihre Bestimmung ist es, diese vielen Bilder in die Welt zu bringen, um in anderen ein Feuer der Begeisterung zu entzünden und ihnen Nährboden zu geben, damit sie sich entfalten können. Das bedeutet, dass der Manifestor kein Umsetzer eines Projekts ist; er zeichnet lediglich die Vision und macht sich dann auf den Weg zur nächsten.

Entgegen der Meinung, dass ein Manifestor-Impuls nur kurz andauert, möchte ich dich in die Zyklen des Manifestors mitnehmen: Der Initiationszyklus eines Manifestors kann tatsächlich mehrere Jahre dauern (zum Beispiel wenn er ein Produkt kreiert oder eine Gemeinschaft aufbaut), verläuft aber in unterschiedlichen Etappen; bei einer größeren Vision kann der Manifestor lange Zeit dranbleiben, bis das Bild fertig ist. Er wendet sich ihm zu, wenn ihm danach ist, er wird aber nie ohne Unterlass wochenlang daran arbeiten. Dabei durchläuft er innerlich folgende Initiationszyklen:

- 1. Zyklus: Gesamtvision initiieren (die große Pyramide als Skizze – einige Stunden bis wenige Tage – Hauptimpuls)
- 2. Zyklus: Teilprojekte initiieren (Wochen bis Monate)
- 3. Zyklus: Neue Impulse in die Vision geben oder Dinge anpassen und verändern (im laufenden Prozess, über mehrere Jahre)

Anhand der Zyklen erkennt man gut, wo sich der Manifestor beruflich zu Hause fühlen kann: dort, wo es um eigenverantwortliches Anführen, Erschaffen und kreative Lösungen geht, wie im Unternehmertum, in der Geschäftsführung, als Abteilungs- oder Projektleiter, in der Politik, als Schauspieler, Sänger oder eigenverantwortlicher Bauleiter. Aber auch ein Manifestor, der angestellt ist, beispielsweise als Florist, der allein und kreativ den Laden schmeißen kann, wird sich durchaus entfalten und frei fühlen. Sehr oft nutzen Manifestoren im Beruf ihre Stimme, da die Kehle Ausdrucksmittel Nummer eins beim Manifestor ist. Ihre Visionen und Ideen sollen im wahrsten Sinne des Wortes gehört werden.

Das Naturell und die Grundsignatur von Manifestoren ist Frieden. Sie sind Friedensstifter und treten für eine Verbesserung der Welt ein. Sie tun dies in dem für sie wichtigen Lebensbereich, aus ihrer Perspektive. Dabei können sie mit ihrer Attitüde andere unglaublich heftig triggern und zum genauen Gegenteil beitragen, sodass erst einmal Chaos, Kampf und Diskussionen herrschen und die Menschen aufgescheucht um sie herumrennen. Veränderung und Transformation gehen jedoch naturgemäß mit kurzfristiger Unordnung, Neuordnung und schöpferischem Chaos einher.

Unterstützung beim Finden der beruflichen Erfüllung

Wenn du einen Manifestor in deinem Umfeld hast, höre ihm zu. Stärkstes Kommunikationsmittel bei Manifestoren ist die Kehle, also die Stimme. Es wird ein bestimmtes Thema geben, einen Bereich, über den er gern und ausführlich spricht (wie Gesundheit, Sport, Pädagogik, Maschinenbau, Programmierung, Systeme et cetera) oder bei dem es ihn wurmt, dass die Dinge so »altbacken« laufen. Das ist oft der Bereich, in dem der Manifestor wirken darf, um zu verändern, um Neues zu initiieren. Auch wenn er denkt, das sei eine Nummer zu groß für ihn, solltest du ihn in den Möglichkeiten bestärken und darauf hinweisen, dass einer den ersten Schritt tun muss, damit andere folgen können. Die wenigsten Manifestoren sind in ihrer Kraft und behalten ihre Impulse leider im stillen Kämmerlein für sich, aus Angst davor, abgelehnt zu werden, aus Angst vor der eigenen Größe, die sich entfalten könnte. Die Impulse und Visionen sind oft so ungeheuer abstrakt (ich spreche aus Erfahrung ...), dass er denkt, die Welt sei noch nicht bereit für sie. Deswegen braucht der Manifestor Fürsprecher und Menschen, die hinter ihm stehen – wenn er sich traut, diese Menschen über seine Ideen zu informieren. Einen Manifestor, der sie nicht artikuliert, musst du an dem Punkt, an dem er steht, stehen lassen und hoffen, dass er sich dir irgendwann mitteilt. Keine Sorge: Der innere Ruf des Manifestors ist so stark, dass entweder eine Krise ihn durchrüttelt und aufweckt oder er irgendwann innerlich platzt und die Kehrtwende einleitet. Hab Geduld mit deinem Manifestor, diese Energie ist nicht einfach zu halten.

Bau keinen Druck auf: Wenn beispielsweise ein Manifestor in eine berufliche Richtung gezwungen wird oder andere für ihn diese Richtung festlegen, führt das auf Dauer nicht in die Eigenmacht, und eine Menge Wut staut sich an. Du kannst den Manifestor unterstützen, indem du ihm W-Fragen zu beruflichen Themen stellst:

- Wie würdest du dich in diesem Job fühlen?
- Warum möchtest du dort arbeiten/die Ausbildung machen?
- Wo siehst du dich in drei bis fünf Jahren, wenn du diesen Weg gehst?
- Welche Stärken siehst du in dir?
- Was an dieser Position/Stelle/Selbstständigkeit zieht dich an?
- Was brauchst du, um effizient und gut arbeiten zu können?

Achtung: Der Manifestor entfaltet seine Kraft erst im Laufe seines Lebens. Er kommt nicht als weiser und friedlicher Leader auf die Welt. Es kann also gut sein, dass sich der Manifestor in deinem Umfeld (auch dein Teenager) in extrem komplizierte berufliche Positionen manövriert, die absolute Unfreiheit bedeuten und seiner Natur widerstreben. Lass los und warte ab. Der Manifestor muss einige dieser Phasen durchlaufen, um zu lernen, was er kann, wie groß er ist, und vor allem zu erkennen, was er nicht will und ihm nicht guttut. Sei da, höre zu, mache aufmerksam, aber versuche nicht, den Manifestor zu lenken; du solltest wissen, dass dieser Versuch ohnehin scheitert.

Der Manifestor als Teammitglied

Ein Manifestor kann sich in einem Angestelltenverhältnis voll entfalten, wenn:

- er sich freiwillig einer Sache widmet und zur Vision des Unternehmens, des Produkts oder den Werten beitragen kann,
- er die größtmögliche Flexibilität, seine Visionen umzusetzen, im Berufsalltag erhält (flexible Arbeitszeiten, ausreichende Ruhephasen, eigenes Budget, eigener Verantwortungsbereich),
- ihm zugehört wird, wenn er Impulse zur Erneuerung und Verbesserung gibt,
- man sich als Arbeitgeber nicht davor scheut, Visionen kraftvoll umzusetzen und neue Wege zu gehen.

Ein Manifestor, der sich im Team wohlfühlt, kann ein großer Treiber und Kreativpart im Unternehmen sein. Beachte, wenn du einen Manifestor als Kollegen oder Mitarbeiter hast, dass er durchaus sensibel reagiert, wenn die Hand der Kontrolle oder Macht von oben kommt und ihn einschränken oder kleinhalten will. Viele Manifestoren hemmt das in ihrem Wesen, und sie werden entweder zu People Pleasern oder sie explodieren und stemmen sich dagegen. So wie ein Manifestor informieren darf, wird er gern informiert und ungern vor vollendete Tatsachen gestellt. Nimm ihn mit in offene Gespräche, auch wenn es sich dabei um konstruktive Kritik handelt. Ein Manifestor muss in erster Linie verstehen, um das Gesamtbild zeichnen und sich auf Regeln oder Einschränkungen einlassen zu können. Du erreichst bei einem Manifestor also am meisten durch offene Kommunikation auf Augenhöhe. Wenn du merkst, dass der Manifestor dichtmacht und die Impulse und Ideen nachlassen, weißt du, es ist Zeit herauszufinden, was los ist, bevor sich so viel Wut anstaut, dass die Beziehung scheitert. Du darfst den Manifestor daran erinnern, dass er in der Pflicht ist zu informieren, wenn er beispielsweise spürt, dass er kraftlos ist, Deadlines nicht einhalten kann oder private Sorgen hat. Ermutige ihn als Chef oder Kollege, sein Wesen zu zeigen, damit alle verstehen und agieren können und man sich nicht entfremdet, indem man mehr übereinander als miteinander redet.

Der Manifestor als Chef

Wenn du einen Manifestor als Chef oder Vorgesetzten hast, dann:

- mach dir bewusst, dass er gedanklich heute hier und morgen dort sein kann; versuche, ihm zu folgen, und frage nach, wenn du ihm nicht folgen kannst;
- stell die Bedingung, dass der Manifestor sein Team und dich informiert, damit alle dranbleiben können;
- grenze dich von den emotionalen Wellen des Manifestors ab (mehr dazu im Kapitel über emotionale Autorität, siehe Seite 105);
- nimm es nicht persönlich, wenn der Manifestor Dinge als unwichtig abtut oder sie sogar vergisst, weil sie einfach in seinem Gesamtbild meist keine Rolle spielen;
- unterstütze ihn dabei, dass er genug Ruhephasen bekommt und nicht ausbrennt; erinnere ihn an Urlaub;
- biete ihm an, Dinge für ihn umzusetzen, wenn du der Typ dafür bist – damit kannst du ihn entlasten und gleichzeitig dich in den Flow bringen;
- kommuniziere mit W-Fragen – das gibt ihm das Gefühl, entscheiden zu können. Zudem bieten W-Fragen immer die Möglichkeit zu informieren;
- animiere ihn zu offener und gewaltfreier Kommunikation im Team;
- steige, wenn seine Wut aufkommt und das Fass überläuft, nicht in den Kampf ein, sondern warte, bis sich der Sturm gelegt hat und ein Gespräch wieder möglich ist.

Der Manifestor darf als Chef zusätzlich darauf achten, emotionales Bewusstsein zu entwickeln und sich und seine Bedürfnisse wahrzunehmen, damit der klassische Choleriker ausstirbt.

Der Manifestor als Selbstständiger

Der Manifestor als Selbstständiger darf in erster Linie auf folgende Punkte achten:

- Erlaube dir, deinen Weg zu ändern und deinen Impulsen zu folgen, enge dich nicht ein durch ein Geschäftsmodell oder einzelnes Produkt.
- Gib Dinge ab, die dich nicht nähren, zum Beispiel Verwaltung, Buchhaltung, Organisation et cetera, damit du in deiner Freiheit bleiben kannst.
- Lerne, deinem Team oder deinen Partnern zu vertrauen, und den Anspruch, alles immer selbst tun zu müssen, loszulassen.

- Vertraue auf deine Vision, auch wenn sie keiner greifen kann, erläutere sie den Menschen immer wieder.
- Ziehe dich gemäß deinen Zyklen rechtzeitig aus Projekten zurück und binde dich nicht dauerhaft an Dinge, die dich erschöpfen.
- Informiere deine Partner, Kunden, Mitarbeiter immer darüber, was du tust und wie es dir gerade geht, damit sie dich unterstützen können.

Der Manifestor als Elternteil

Für den Manifestor als Elternteil ist es besonders wichtig, nicht ständig das Gefühl zu haben, von der Elternschaft eingeengt und seiner Freiheit beraubt zu werden. Gerade dann, wenn Kinder noch klein sind, kann der Manifestor schnell müde werden, weil er rund um die Uhr für einen anderen Menschen verfügbar ist. Hier gilt es, äußerst achtsam mit sich zu sein und Ideenkraft mit der Familie um- und einzusetzen. Partner von Manifestoren dürfen verstehen, dass diese irgendwann kraftlos werden, wenn sie nicht die nötige Portion Ausgleich und Ruhe bekommen. Trotzdem oder gerade deswegen sind Manifestoren in ihrer Kraft wunderbare Familienmitglieder, die mit neuen Ideen für Abwechslung und Leichtigkeit im Alltag sorgen. Kinder von Manifestoren erhalten eine liebevolle, friedliche Führung, wenn der Manifestor bei sich ist. In meinem Grundlagenbuch spreche ich darüber, dass viele Manifestoren ausgesprochen verletzte innere Kinder in sich tragen und deswegen oft dominieren oder um sich schlagen wollen. Diese Trigger können als Elternteil an die Oberfläche treten, weswegen es wichtig ist, die eigene Größe zu kennen. Manifestoren als Eltern hinterfragen oft bestehende Systeme, in denen ihre Kinder aufwachsen, und können diese zuweilen bekämpfen oder verändern wollen. Sie nehmen nicht einfach hin, wie es läuft. Manifestoren, die herrschen, besitzen und kontrollieren wollen, sind keine Inspirationsquellen, sie werden eher als hart und unangenehm perfektionistisch wahrgenommen. Aus diesem Grund gilt für Manifestoren als Elternteil:

- Loslassen: Alltag und Familienleben müssen nicht kontrolliert oder geführt werden, sie dürfen fließen.
- Achtsamkeit mit dir: Hol dir Unterstützung, wenn du merkst, dass deine Energie zur Neige geht.
- Arbeiten mit dem inneren Kind und der intrinsischen Motivation deines Wesens: Mit dieser inneren Arbeit findest du zu dir selbst, gibst dir selbst, was dir vielleicht gefehlt hat, und du setzt damit das in dir schlummernde Potenzial frei.

- Ideen mit der Familie teilen: Kommuniziere deine Vorschläge und informiere dein Umfeld.
- Die Kinder einladen, gemeinsam Abenteuer zu erleben, und es ihnen vormachen: Lebe deinen Kindern deine Ideale vor und lass sie an deiner Abenteuerlust teilhaben.
- Die Perspektive entwickeln, dass dir die Kinder nicht die Freiheit rauben, sondern du ihnen gegenüber deine natürliche Führungsrolle leben darfst.
- Frieden finden in der Begleitung der Kinder: Sie benötigen Orientierung, die du ihnen geben kannst.
- Über die eigenen Gefühle informieren und sie offen zeigen; für Wut, Trauer und dergleichen Verantwortung übernehmen, damit die Kinder nicht denken, sie seien dafür verantwortlich.

Der Manifestor als Kind

Manifestoren-Kinder haben große Flügel und machen oft die Dinge von Beginn an anders. Sie können laut und energisch sein, sind aber auch höchst sensibel und empathisch. Sie sind meist schon sehr früh im Leben weise und reif. Sie führen schon als Kinder an und wollen häufig bestimmen. Manifestor-Kinder gehen zur Tür hinaus und sind schnell 200 Meter weit weg, weil sie entdecken wollen. Als Elternteil darfst du versuchen, dem Manifestor einen sicheren Rahmen zu bieten und ihm zu vermitteln, dass seine Ideen gehört werden, seine Art zu spielen geschätzt wird, die Dinge, die sein Interesse wecken, »richtig« sind. Das Wichtigste, das du für dein Kind tun kannst, um ihm die Flügel nicht zu stutzen, ist die Arbeit an dir:

- Informiere dich darüber, wie Glaubenssätze entstehen, beschäftige dich mit der Erziehung, die du erfahren hast und weitergibst.
- Lerne, wie du mit Triggern umgehen kannst und bei dir bleibst, um Schuldgefühle, Emotionen und Frust nicht an deinem Kind auszulassen.
- Informiere dich darüber, wie Kinder co-reguliert werden und wie sie Stress über Atmen loslassen können.
- Stärke den Selbstwert deines Kindes nicht durch Lob, sondern indem du es wahrnimmst, emotional verfügbar bist oder kindgerechte Affirmationskarten verwendest.
- Lebe eine offene Kommunikation über Gefühle vor – und zeige Letztere. Vermittle deinem Kind deine eigenen Bedürfnisse und Grenzen.

Was du sonst noch tun kannst

- So oft wie möglich »Ja, darfst du« sagen, wenn keine Gefahr im Verzug ist
- Deinen Kindern das Gefühl von Freiheit geben (sie entscheiden, was sie tun) und trotzdem der Anführer bleiben
- Die Ideen der Kinder nicht kleinreden, wenn sie zum Beispiel Spielzeug anders benutzen als vorgesehen
- Das Kind ernst nehmen und ihm zuhören
- Wut bedürfnis- und bindungsorientiert begleiten
- Dem Kind beibringen, wie es seine Wut kanalisieren kann (Wurfbox, Aufstampfen, Kissen werfen), damit die Energie nicht im Körper stecken bleibt
- Das Kind reden und laut sein lassen – Manifestor-Energie geht über die Kehle nach draußen
- Das Licht, die Stimme des Kindes, nicht ständig dimmen und ihm über den Mund fahren, sondern es situationsangepasst auch gern mal »laut quietschen« lassen
- Dem Kind regelmäßig Pausen anbieten. Frag es zum Beispiel: »Wollen wir ausruhen?« Oder: »Wollen wir ein Hörbuch hören?«
- Es ins Bett bringen, solange es noch bereit ist zu kooperieren, und nicht, wenn es müde ist und wütend wird, weil es nicht frei entscheiden kann
- So viele Situationen im Alltag wie möglich in »Freiheitsentscheidungen« umwandeln, zum Beispiel begeistert fragen, ob das Kind Mama beim Einkaufen hilft, statt zu diktieren: »Wir gehen jetzt einkaufen. Du weißt, dass wir das machen müssen.«

Für Manifestoren-Kinder ist es wichtig, frühzeitig zu lernen, dass sie die Eltern informieren beziehungsweise fragen, bevor sie agieren. Das kannst du ebenfalls vorleben. Ich habe das zu Beginn mit kleinen Dingen gemacht wie: »Ich gehe jetzt duschen.« Sprich mit deinem Kind oder Teenager darüber, dass es wichtig ist zu informieren, damit andere es/ihn verstehen können.

Und noch ein Tipp: Fühlen ist für alle Kinder wichtig. Ich erinnere meinen kleinen Manifestor im Alltag öfters an das Fühlen. Wenn wir draußen sind, sage ich zu ihm: »Nimm den Stein in die Hand. Schließ die Augen, leg die Hand auf dein Herz und fühle in den Stein.« So bleibt der Zugang zu sich selbst erhalten und Kinder lernen, aus dem Kopf in den Körper zu kommen.

Der Manifestor als Partner

Ein Manifestor als dein Partner benötigt von dir:

- Die Akzeptanz seines freien Wesens und der sich (sehr oft) ändernden Interessen und Meinungen
- Zuspruch hinsichtlich seiner Stärke und Größe
- Dass seine Visionen nicht kleingeredet werden
- Offene, wertungsfreie Ohren und Raum zum Sprechen
- Die Möglichkeit, Gefühle offen zu zeigen
- Die Möglichkeit, sich zurückzuziehen, um in seiner Energie zu sein und allein aufzutanken (nimm es nicht persönlich – Manifestoren laden so am besten auf)
- Die Erinnerung an das Informieren
- Dass du dich von ihm abgrenzt, wenn er wütend ist beziehungsweise wenn du siehst, dass sich Wut aufbaut
- Dass du die Wucht an Impulsen nicht immer persönlich nimmst, auch wenn er dich zeitweise überrennt

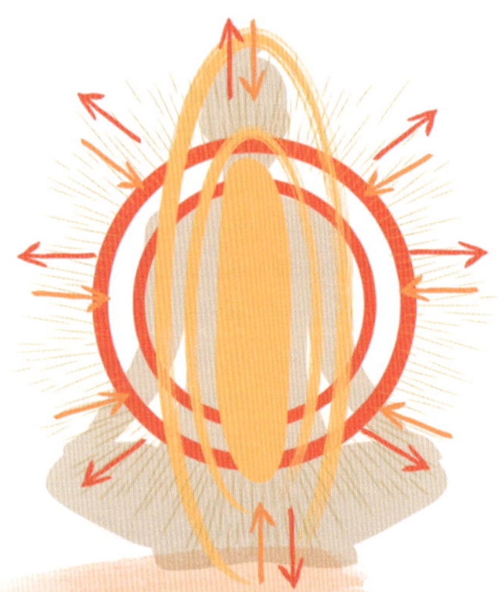

Der manifestierende Generator in Beziehungen

Steckbrief:

- 31 Prozent der Bevölkerung
- Powerperson und Multitalent
- Bunter Blumenstrauß und Hebamme des Lebens
- Hochgeschwindigkeitszug
- Erschaffer und Initiierer
- Antrieb: Dinge verbinden
- Strategie: Bauchgefühl prüfen, beim Losgehen informieren über ihr Tun und Denken
- Wichtigstes Tool: Körperkraft gezielt einsetzen, Mut, Neues umzusetzen
- Herausforderung: Bewusstsein über Schnelligkeit und erschaffende Kraft, den eigenen Druck kennenlernen und einsetzen

… fühlt sich wohl, wenn:

- er von einem Interessensfeld ins nächste hüpfen darf
- Menschen auf seinen Erfahrungsschatz zugreifen möchten
- er seinen individuellen Strauß der Erfahrung bestücken kann
- er mit dem Leben tanzen lernt und das Divine Timing für sich findet
- sein Durst nach Leben und Erfahrung genährt wird
- er sich austauschen kann mit seinem Gegenüber

… darf lernen, dass:

- er schneller ist als andere, aber nicht unstet oder illoyal
- es okay ist, sich immer wieder für Neues zu interessieren
- er nicht der Tiefenexperte sein muss, sondern »schnuppern« reicht
- er die Menschen in seiner Umgebung in seine neuen Ideen mitnimmt
- er mit anpackt, wenn es an die Umsetzung geht
- er als Hebamme für Ideen gebraucht wird

… das macht ihm Angst:

- dass man seinen Lebensweg verurteilt und nicht versteht
- er seine Vielfalt nicht ausleben darf und sich anpassen muss, um Liebe zu erhalten

… das lässt ihn strahlen:

- neue Blumen im Blumenstrauß
- Vertrauen der anderen in seinen Weg
- Akzeptanz, dass er Vorreiter ist und unkonventionell sein darf

Der manifestierende Generator in Beziehungen

Der manifestierende Generator, kurz MG, ist ein echtes Power-House, ein Multitalent und der bunte Blumenstrauß der Kraft und Inspiration, schnell und voller Tatkraft. Er ist nicht hier, um eine Sache zu Ende zu bringen, er taucht in viele Themengebiete ein und destilliert daraus Essenzen, die vorher keiner wahrgenommen hat. Ich bezeichne ihn gern als Lebenshebamme, weil er mit anpackt, wenn neue Dinge in die Welt geboren werden. Oft ist der MG derjenige, der etwas zum ersten Mal vormacht und souverän Lösungen findet. Er ist im Kern ein Generator mit der Besonderheit, dass er zusätzlich manifestierende Eigenschaften besitzt. Sie lassen ihn in einem hohen Tempo durch das Leben gehen und geben ihm die Möglichkeit, sich »anzuzünden«, sofern er auf sein Bauchgefühl hört und auf den richtigen Zeitpunkt wartet. Der MG macht Vielfalt im Leben salonfähig. In Beziehungen nennt man ihn:

- den unstillbar nach Leben Dürstenden,
- die Projekthebamme des Lebens,
- den bunten Erfahrungsblumenstrauß,
- den Welten-Connecter,
- das Power-House, das kraftvoll Einzigartigkeit demonstriert,
- den Alleskönner und Ausprobierer.

Leitsätze für Beziehungen mit MGs

- Ich schätze deine Kraft und Schnelligkeit im Leben.
- Du scheiterst nicht, du entdeckst neue Möglichkeiten.
- Du verbindest Themen, die sonst keiner verbinden möchte.
- Du bist nicht zu schnell, sondern einfach blitzgescheit.
- Deine Vielfalt inspiriert andere.
- Dein Weg darf kreuz und quer verlaufen, zu jeder Zeit.

Der manifestierende Generator im Berufsleben

Der manifestierende Generator ist ein Hochgeschwindigkeitszug, der in seinen Grundfesten wie ein Generator agiert und wie dieser energetisch angelegt ist. Hinzu kommt – deswegen nennt man ihn »manifestierend« –, dass er in Windeseile Dinge prüfen und initiieren kann. Der manifestierende Generator ist das Bindeglied zwischen den Generatoren und den Manifestoren, denn er hat die Visionskraft der Manifestoren und deren Geschwindigkeit. Er bringt aber darüber hinaus die ausdauernde Motorkraft mit, wenn er seiner Freude folgt. Er ist ein hakenschlagender Hase, der jedes Mal seine Richtung wechselt, wenn er genug gelernt hat.

Ich bezeichne den MG gern als Hebamme des Lebens, denn er ebnet den Weg für das, was neu geboren wird. Er weiß genau, was zu tun ist, wenn unvorhergesehene Dinge passieren, und findet Lösungen. Dabei ist das Baby, dem er auf die Welt hilft, nicht zwingend sein eigenes. Der manifestierende Generator zeigt aber allen, wie man von der Idee, dem Samen, zur Materie kommt – der Geburt des Babys. Durch dieses beispielhafte Vorangehen wissen andere Human-Design-Typen, wie es geht, sie haben es einmal erlebt und gesehen und können es nun in die Welt bringen. Achtung: Der manifestierende Generator wird in seinem beruflichen Leben viele Geburten begleiten und blitzschnell agieren, aber er wird nur ausgewählte Kinder langfristig aufwachsen sehen, denn er gibt die Babys nach einer Weile in die vertrauensvollen Hände von Generatoren.

Wann das der Fall ist, entscheidet er mit seinem Bauchgefühl. Hat ein manifestierender Generator also einen Themenbereich entdeckt, der ihn richtig »juckt«, kann er irrsinnig schnell eintauchen, diesen aber genauso schnell wieder verlassen. Ich nenne das in meinem Grundlagenbuch das Blumenstraußprinzip, denn der MG pflückt Blumen aus unterschiedlichen Feldern und fügt diese als Welten-Connecter zu einem bunten Strauß zusammen. Er kombiniert Dinge, die für andere vorher nicht sichtbar waren, und kreiert die schönsten Blumensträuße. Der manifestierende Generator in der Berufswelt benötigt:

- Verständnis für seine schnelle Art zu agieren und die Dinge in Verbindung zu bringen sowie dafür, dass er seinen Weg häufiger ändert,
- einen Job, der ihn fordert, Neues zu kreieren oder die Kreation zu begleiten, und ein Produkt oder eine Aufgabe, das oder die ihn restlos begeistert,
- eine »Tätigkeitswolke«, in der er sich austoben und verschiedenste Dinge lernen kann; sein Wirkungsfeld darf keine Schublade sein, sondern eher etwas Übergeordnetes wie Heilung, Gesundheit, Pädagogik,

- Vertrauen vom Gegenüber, dass er Dinge abbrechen oder beenden darf, wenn die Freude nachlässt.

Alleskönner und Ausprobierer

Manifestierende Generatoren gehen in beruflichen Dingen oft ihren ganz eigenen Weg und haben vor allem eines nicht: das ganze Leben den gleichen Job. Ihr berufliches Leben gleicht einer Spielwiese, in der sie sich Dinge aus allen Perspektiven anschauen. Deswegen sind sie Allroundtalente, die immer eine Antwort haben. Sie benötigen ein gewisses Maß an Freiheit, denn ihre scharfen Sinne und ihr Bauchgefühl treiben sie von einem Projekt zum nächsten. Ihre Aufmerksamkeitsspanne flacht schnell ab, wenn das Interesse nachlässt.

Der, der es zum ersten Mal macht

Als Alleskönner sind MGs unter anderem ideale Change-Manager, die um die Ecke denken, Neues ausprobieren und vorangehen. Das bedeutet, dass der manifestierende Generator oft der Erste ist, der eine Idee, einen Impuls, eine Vision in Materie verwandelt. Es sind die Bauleiter, die Projektplaner, die aber auch tatkräftig mit anpacken. Durch ihr flexibles Wesen können sie fast jede Berufsposition ausfüllen, die ihnen Freude bereitet. Sie finden sich oft in Positionen des Test-Dummys wieder, denn sie setzen die Dinge zum ersten Mal um. Es ist allerdings nicht immer angenehm, wenn man mit Vollspeed gegen eine Mauer kracht – auch wenn dann alle wissen, dass da eine Mauer ist. Wenn du einen älteren MG triffst, wird er dir aus dem Effeff erzählen können, was im Leben NICHT funktioniert hat. Die Rolle als Testfahrer beinhaltet, nicht nur zu zeigen, wo eine Teststrecke gut läuft, sondern auch, wo sie nicht weitergeht und man umdenken muss. Gerade im Bereich der Forschung und Entwicklung sind MGs die mutigen Ausprobierer und führen uns damit zu neuen Erkenntnissen.

Unterstützung beim Finden der beruflichen Erfüllung

Der manifestierende Generator neigt dazu, direkt loszurennen, wenn ihn etwas begeistert, ohne jegliches Ziel. Er merkt, dass in ihm etwas passiert und Kräfte mobilisiert werden. Er darf dabei ganz gezielt prüfen, ob es schon an der Zeit für diesen Impuls ist. In meinem Grundlagenbuch beschreibe ich diese Strategie als Bobfahrer-Moment. Die Power zum Anschieben ist da – aber ist die Ampel grün? Ist die Bahn frei oder wird man sich vielleicht sogar auf dem Weg nach unten überschlagen?

Wenn du einen manifestierenden Generator als Gegenüber hast, erinnere ihn an die Ampel in seinem Körper, bevor er losrennt und vielleicht feststellt, dass die Bobbahn noch nicht zu Ende gebaut wurde. Erinnere ihn daran, dass er warten sollte, bis sich ALLE Punkte für ihn stimmig anfühlen und er mit geballter Körper-, Geist- und Seelenkraft losfeuern kann.

Darüber hinaus kannst du ihn folgendermaßen unterstützen:

- Stelle ihm geschlossene Fragen, die er mit Ja oder Nein beantworten kann, damit sein Bauchgefühl anspringt.
- Unterstütze ihn dabei, sich nicht durch das Streben nach einem Titel oder einer Ausbildung einzuschränken.
- Finde mit ihm gemeinsam die übergeordnete »Wolke«, die ihn begeistert (Fitness, Ernährung, Heilung et cetera).
- Erinnere ihn daran, dass seine Energie in Form von körperlicher Aktivität bewegt werden muss und nicht feststecken sollte.
- Bestärke ihn, die Dinge wirklich anders zu machen, und erinnere ihn daran, dass er eine Hebamme für die Welt ist: Wenn er keinem zeigt, wie es geht, können andere es nicht nachmachen.
- Erinnere ihn daran, dass auch Hebammen schlafen müssen und er gut für sich sorgen darf, damit der Motor lang und rund läuft.

Das wilde Losrennen aus falschem Druck

Bei vielen MGs nehme ich wahr, dass sie eins nach dem anderen machen und nichts zum gewünschten Ziel oder Erfolg führt – die Dinge verpuffen. In dieser »Ich muss bringen«-Phase kann man sich als MG leicht verlieren und sollte sich bewusst werden, was der eigene Antrieb ist. Oft ist es nicht das eigene Energiesystem, sondern ein Muster, das dahintersteckt. Es ist wichtig, dass das Gegenüber hier Stopp sagt, wenn es merkt, dass alle Ambitionen ziellos versanden. Der MG bleibt in seiner Kraft, wenn er im Inneren weiß, dass der richtige Zeitpunkt gekommen ist. Dazu bedarf es manchmal einer Auszeit, Ruhe und Phasen der Besinnung, damit Puzzleteile an ihren Platz fallen können. Als Gegenüber darfst du fragen:

- Aus welchem Grund oder Druck heraus handelst du gerade (Finanzen, Anerkennung, Erfolgssuche, Drang, dich zu beweisen, Sinnerfüllung, Liebe, Vision et cetera)?

- Was brauchst du gerade? Welches Gefühl brauchst du für den Erfolg?
- Wie voll ist dein Tank?

Der manifestierende Generator neigt dazu, sich mit anderen zu vergleichen. Allerdings sucht er sich oft Energietypen und Menschen aus, die eine andere Grundkonstitution haben als er – davon abgesehen, dass wir durch das Human Design wissen, dass man sich nicht mit anderen vergleichen kann. Hier treten die Schattenthemen des MGs zutage, wie seine Befürchtung, nicht geradlinig genug zu sein, oder sein Perfektionismus.

Wenn ein manifestierender Generator anfängt, sich zu vergleichen, und Lösungen im Außen sucht, sinkt seine Initiationskraft auf null, der Motor bleibt stehen, die anziehende Aura fällt in sich zusammen. Wenn du einen MG als Gegenüber hast, bei dem du feststellst, dass er Lösungen und Antworten dauerhaft im Außen sucht und nicht in sich, erinnere ihn an sein »Hebammentun« für die Welt. Denn das Baby, das geboren werden will, braucht den MG, der mutig diese einzigartige Geburt begleitet. Er kann zur Vorbereitung lesen, trainieren und beobachten, aber all das wird nicht *seine* Art, es zu tun, etablieren. Deswegen: reinhüpfen, machen, ausprobieren!

Der manifestierende Generator als Teammitglied

Wenn du einen MG in deinem Team oder als Kollegen hast, mach dir Folgendes bewusst:

- Ja, er ist ein Blitz, aber du musst nicht dasselbe Tempo an den Tag legen.
- Kommuniziere ihm, wenn du nicht hinterherkommst, dass er dich offen über das, was er denkt und tut, informieren soll.
- Informiere du ihn ebenso und lass ihn nicht im Regen stehen.
- Schenke ihm Freiraum (gerade als Mitarbeiter) und vertraue auf sein Bauchgefühl hinsichtlich dessen, wo ein Weg endet oder sich eine Chance oder Option ergibt.
- Ermögliche ihm als Mitarbeiter flexible Arbeitszeiten, Eigenverantwortung und seine »Wolke«, in der er Versuch und Irrtum erfahren darf.

Der manifestierende Generator als Chef

Der MG als Chef darf darauf achten, dass er anderen nicht zu viel Druck macht. Er gibt natürlich eine Richtung vor, aber andere Typen brauchen oft etwas länger, um zu sehen, was er sieht, um im gleichen Tempo mitziehen zu können. Er darf als Chef lernen, dass er abgeben darf. Wenn ein Baby geboren ist und er gezeigt hat, wie es geht, darf er andere unterrichten, es zu tun. Er wird aber in dieser Phase schon bei der nächsten Geburt helfen.

Wenn du einen MG als Chef hast, gilt für dich:

- Erinnere ihn an die Ampel und frage, ob jetzt wirklich alle losrennen müssen oder ob die Ampel eigentlich auf Rot steht.
- Grenze dich ab, wenn der MG losrennt und du die Kraft dafür nicht hast.
- Etabliere eine offene Gesprächskultur und lerne von den Versuchen und Irrtümern deines Chefs.

Der manifestierende Generator als Selbstständiger

Sperr dich nicht in ein Gefängnis – das gilt nicht nur für Generatoren, sondern auch für MGs. Wenn Freude und Begeisterung schwinden und die Dinge beginnen, sich zäh anzufühlen, schalte einen Gang zurück. Betrachte dein Werk aus einer anderen Perspektive. Prüfe, wo du Dinge abgeben kannst und wann es Zeit ist, das Spielfeld zu verlassen, um dich einem neuen zuzuwenden. Schränke dich und dein sprudelndes Wesen nicht in einem Themenbereich ein und lass die Dinge zu dir kommen – du musst nicht ständig alles kontrollieren und losschießen. Reagiere auf Einladungen des Lebens, versuche nicht, sie zwanghaft zu initiieren.

Der manifestierende Generator als Elternteil

Der MG als Elternteil ist eine Powerkanone und darf wissen, welche Typen es um ihn herum gibt. Mit viel Enthusiasmus möchte er dem Nachwuchs alle seine Trial-and-Error-Erfahrungen vermitteln und die Kids mitnehmen, wenn er etwas tut. Wichtig für den manifestierenden Generator als Elternteil ist:

- Achte darauf, dass du genug »Auslauf« im Familienleben hast, und nimm dir Zeit für dich.
- Beziehe nicht alle Familienmitglieder in dein durchgeplantes Wochenende mit ein – eventuell benötigen sie mehr Ruhe als du.

- Informiere über deine Bedürfnisse und Ideen, aber erwarte nicht, dass deine Kinder denselben Weg gehen wie du oder sie diesen verstehen.
- Wenn du eingeladen und gefragt wirst, prüfe, ob es sich für dich stimmig anfühlt. Du darfst als Elternteil Nein sagen, du musst dich nicht aufopfern.
- Etabliere eine offene und liebevolle Streit- und Emotionskultur, sodass die anderen Familienmitglieder wissen, wie es dir geht und wie sie mit dir am besten umgehen.
- Ermögliche deinen Kids oder Teens, Erfahrungen zu sammeln, und akzeptiere, wenn ihr Lebensweg stetiger ist als deiner oder deine Kids den Traum vom »Ankommen« haben, auch wenn du das für dich nicht möchtest.
- Wenn deine Kids deine Antriebskraft benötigen, initiiere die eine oder andere Sache und lade sie ein, Dinge gemeinsam zu tun.
- Verdreh nicht die Augen, wenn jemand in der Familie die Dinge langsamer macht als du. Geh in dieser Zeit einfach deinen Dingen nach.

Der manifestierende Generator als Kind

Das Wichtigste, wenn du einen MG als Kind hast, ist wohl dieser Hinweis: Räume nicht sein Spielzeug hinter ihm auf. Ein MG als Kind springt schon beim Spielen von einem zum nächsten, fängt viele Dinge an und packt viele Dinge aus, kehrt aber nach einer Weile wieder zum Ausgangsspielzeug zurück.

Suggeriere dem Kind nicht, dass es falsch ist, von einem zum nächsten zu hüpfen oder dass es Dinge fertig machen muss. MG-Kinder lernen, spielerisch mit dieser Energie umzugehen, und machen die Dinge auf ihre Art. Sie sind Energiebündel, die ihre Kraft bewegen wollen – während du als Elternteil nach 25 Kilometern Radtour kaputt bist, aber dein Kind fragt, was ihr heute noch alles machen werdet.

Ein MG-Kind ist nicht »falsch«, wenn:

- es Dinge nicht zum Abschluss bringt,
- es viele Dinge gleichzeitig interessieren,
- seine Konzentrationsspanne sehr kurz ist (es hat aber kein Aufmerksamkeitsproblem!).

Das kannst du für dein MG-Kind tun:

- Gib ihm Raum für körperliche Bewegung.
- Lass dein Kind Langeweile aushalten, denn dadurch entsteht Kreativität.
- Trainiere sein Bauchgefühl mit ihm (zum Beispiel in Meditationen oder durch Ja-Nein-Fragen).
- Akzeptiere, dass das Interesse in der Schule schnell abebben kann und das Kind sich langweilt; sei der sichere Hafen.
- Akzeptiere, dass Ausbildung, Studium et cetera abgebrochen werden oder ein anderer Sport interessant ist; dein Kind ist dabei, einen bunten Blumenstrauß zu binden.
- Versuche, sprunghafte Meinungsänderungen zu verstehen, indem du offen mit deinem Kind sprichst.
- Gib deinem Kind das Gefühl, dass es nicht scheitert, wenn es etwas nicht fertig macht. Übernimm jedoch nicht die Verantwortung dafür, denn der MG darf das Prinzip des Trial and Error schon als Kind lernen.
- Bringe ihm bei, dass es dich informiert und dir sagt, was es vorhat.
- Hinterfrage kritisch bei andauernder Müdigkeit und Erschöpfung, was deinem Kind im Leben keine Freude macht und wie ihr die Perspektive darauf oder die Tatsache ändern könnt.

Der manifestierende Generator als Partner

Wenn du einen manifestierenden Generator als Partner hast, liebe ihn dafür, dass er ein Blumenstrauß ist. Dass er immer wieder neue Ideen und Entwicklungsphasen im Leben hat und vielleicht den Umzug plant, obwohl du noch nicht einmal Ja gesagt hast. Ein MG ist eine treibende Kraft, der das Lebenstempo in einer Beziehung hochhält. Trotz Raum und Freiheit, die der MG benötigt, um sich zu entfalten, braucht er einen Ort, zu dem er nach Hause kommen kann, wenn er von seinen Streifzügen über die bunten Blumenfelder zurückkommt. MGs benötigen mitfühlende Partner, die ihnen nicht suggerieren, sie seien »falsch« oder zu schnell. Einen wunden MG-Punkt trifft der Satz »Man kann sich auf dich nicht verlassen«. MG-Kinder hören ihn oft, wenn ihre Leistung oder das Vollenden von Dingen mit Loyalität gleichgesetzt wird. Wenn der MG im Leben weiterspringt, wird ihm unterstellt, er sei nicht verlässlich. Meine beste Freundin ist ein MG: Ich beobachte, dass die wenigsten Menschen mit ihren vielen Projekten und Ideen klarkommen. Das funktioniert nur, wenn:

- du dich regelmäßig mit deinem MG-Partner verbindest, verstehst, wie er gedanklich von A nach B kommt, und es nicht bewertest – das erfordert offene Kommunikation;
- du akzeptierst, dass in eurer Beziehung Wachstum und Entwicklung bleiben werden und du als Partner aufgefordert bist, dich weiterzuentwickeln;
- du die vielen Spielwiesen beobachtest und fragst, ob deine Meinung und dein Rat gewünscht sind;
- du ihm nicht suggerierst, dass er scheitert, wenn er etwas nicht fertig macht. Erinnere ihn daran, dass man eine Geburt nicht mittendrin abbrechen darf, ohne einer anderen Hebamme Bescheid zu sagen;
- du die unbändige Kraft im Körper des MGs akzeptierst und verstehst, dass er sich langweilt oder müde wird, wenn er diese nicht bewegen kann oder darf;
- du ihn stoppst, wenn er müde wird oder du siehst, dass er sich in Dinge hineinstürzt, die keinen Erfolg haben.

Der Projektor in Beziehungen

Steckbrief:

- 22 Prozent der Bevölkerung
- Architekten und Effizienzmanager des Lebens
- Fokussiertes Fühlwesen, das andere im Kern erkennt
- Wahrheitssucher und Seher
- Aufbrecher alter Systeme
- Antrieb: Erfolg, Anerkennung
- Strategie: Reagieren auf universelle Einladungen
- Wichtigstes Tool: emotionale Intelligenz, Anbindung, Baden in ihrer Energie
- Indikator für Energiestau: Verbitterung und Verurteilung
- Herausforderung: Annahme des magischen Wesens

... fühlt sich wohl, wenn:

- er Wertschätzung erfährt und um Rat, Impuls und Teilnahme gebeten wird (als Berater)
- man den Fokus auf ihn richtet, wenn er darum bittet
- er Anerkennung für sein Wesen, den Prozess erfährt und nicht für seine Leistung oder das Ergebnis
- er Raum bekommt, um in seiner Energie zu baden
- die Wahrheit, die er erkennt, angenommen wird
- er Veränderung einleiten darf

... darf lernen, dass:

- das Vergleichen mit anderen zwecklos ist und seinem Wesen nicht entspricht
- er das Leben, Menschen, Dinge in der Tiefe erfasst und man ihm nichts vormachen kann
- er sich selbst vertrauen darf
- er sich genug Zeit für sich nimmt
- er hier ist, um das System zu wandeln, und dass er offen sagen darf, wie er empfindet
- die richtigen Menschen zu ihm finden

... das macht ihm Angst:

- dass sein Wesen verkannt wird
- Bewertung, weil er nicht »erschafft«, sondern »ist«
- nicht seinem Expertentum folgen zu dürfen, festzustecken
- den Schmerz der Welt zu fühlen

... das lässt ihn strahlen:

- Bewusstsein über die eigenen Fähigkeiten und Magie durch SEIN
- dass er wertgeschätzt wird mit allem, was er ist, und man seine konstruktive Kritik verinnerlicht
- Zeit und Fokus für ihn

Der Projektor in Beziehungen

Der Projektor ist der weise Anführer und Architekt der neuen Welt und so ein wichtiger Sparringspartner für einzelne Menschen, eine Gruppe oder eine Gemeinschaft. Er ist ein tiefgründiger Menschenkenner und -versteher, der in seinen Beziehungen sofort die Dinge in ihrer Essenz erfasst. Er erkennt den Menschen in seiner Ganzheit und kann sich in andere »einklinken«. So kann der Projektor andere weise lenken und leiten. Er braucht die Möglichkeit und Freiheit, sich mitzuteilen, wenn er das möchte, und will ebenso in der Tiefe gesehen werden. Vorgänge zwischen den Vorgängen offenbaren sich ihm und so kann der Projektor für enorme Effizienz sorgen, indem er auf diese Prozesse aufmerksam macht. Er erkennt bei anderen Menschen auf den ersten Blick Schmerzpunkte und nicht authentisches Verhalten. Da, wo es nötig ist, bricht der Projektor Denkmuster und Systeme auf, um einen positiven Wandel für den Menschen, die Gruppe oder die Gemeinschaft zu bewirken und uns dadurch mehr Lebensqualität zu schenken. In Beziehungen nennt man ihn den:

- weisen Anführer,
- fokussierten Menschenkenner,
- Potenzial- und Effizienzmanager,
- Architekten,
- liebevollen Wesensannehmer als Mama oder Papa,
- Hinterfrager und Status-quo-Brecher.

Leitsätze für Beziehungen mit Projektoren

- Ich sehe dich in der Tiefe und erkenne dein Wesen.
- Ich lade dich ein, mich zu erkennen und mir Rat zu geben.
- Ich schätze deinen Fokus und dein Gefühl für alles, was nicht funktioniert auf dieser Welt.
- Ich verstehe, dass du Raum für dich brauchst, um bei dir zu bleiben.

Der Projektor im Berufsleben

Projektoren werden als die Leader der neuen Zeit beschrieben, weil sie die Gabe und Perspektive besitzen, die Dinge in ihrer Gänze zu erfassen und zu überblicken. Hinzu kommt, dass sie in der Berufswelt auf den »Kern blicken«. Das bedeutet, dass sie sowohl bei Menschen als auch bei Projekten in der Lage sind zu erkennen, welcher Drang, welche ehrlichen Beweggründe dahinterstehen. Dadurch sehen sie, was von Erfolg gekrönt sein wird und was einen Richtungswechsel braucht.

Die Architekten der neuen Welt

Ich bezeichne Projektoren gern als die Architekten der neuen Welt. Sie haben das Gesamtkonstrukt im Blick, sie erkennen Schwachstellen und ermöglichen es, mit neuen »Bauweisen« an ein Projekt heranzugehen. Projektoren etablieren für mich vor allem in der Berufswelt Authentizität, Wahrheit und den Mut zu Neuem. Mit Letzterem meine ich, dass sie erkennen, wo alte Wege ausgedient haben und neue Lösungen etabliert werden dürfen. Das kommunizieren Projektoren direkt, neutral und friedlich, wenn sie in ihrer Kraft sind. Projekte mit ihnen sind immer dann von Erfolg gekrönt, wenn man ihre Meinung wertschätzend aufnimmt und ihre Expertise in das Gesamtkonstrukt einer Sache einfließen lässt. Der Projektor sieht viel, weiß viel. Aber er bindet es nicht jedem auf die Nase, insbesondere nicht, wenn nicht wertschätzend nach seiner Meinung und seinem Rat gefragt wird. Er ist die weise Eminenz im Hintergrund, die lange beobachtet und wahrnimmt, bevor sie aktiv wird. Für Projektoren ist es wichtig, sich von Herzen einer Sache oder Person zu widmen. Sie sind beispielsweise ideale:

- Effizienz- und Potenzialmanager,
- Projekt- und Abteilungsleiter, Koordinatoren, Dirigenten und Verwalter,
- Community-Manager, Gemeinschaftsverwalter,
- Coaches, Berater, Mentoren,
- Selbstständige, wenn sie sich einem Thema verschrieben haben.

Nicht greifbare unternehmerische Größe

Für Projektoren kann es zuweilen schwierig sein, ihren Platz zu finden, denn die Systeme, in denen wir leben, sind gefühlt noch nicht bereit für die Projektoren-Energie. Schon gar nicht kann man das Talent eines Projektors wirtschaftlich messbar machen oder kalkulieren. Genau aus diesem Grund braucht es den Projektor jedoch in der Berufswelt, denn er schafft aktives Verständnis für:

- Fühlkomponenten in Unternehmen,
- Dinge, die wissenschaftlich nicht erklärbar sind,
- Augenhöhe und offene Kommunikationskultur,
- gewaltfreie Kommunikation,
- Dinge, die nicht mehr funktionieren,
- Strukturen und Hierarchien, die in der Berufswelt ausgedient haben.

Projektoren halten und etablieren Räume

In meinem Grundlagenbuch beschreibe ich den Projektor als weisen Schamanen, der von Menschen aufgesucht wird, die Rat, Hilfe oder Inspiration suchen. Ich gehe hier noch einen Schritt weiter: Der Projektor spielt eine wichtige Rolle, wenn es um das freie Sprechen geht. Freies Sprechen bedeutet nicht nur, dass die Menschen ihre Meinung offen sagen, sondern auch, dass Menschen an sich angebunden und fühlend sprechen. Es ist ihm möglich, alles auszusprechen, was in ihm vorgeht, ohne Angst vor Ablehnung und Zurückweisung, aus seiner Herzensstimme heraus. Projektoren etablieren diese Räume und halten sie als weise Schamanen. Sie sind nicht nur außerordentlich empathisch, sie fühlen, sehen und verstehen das Gegenüber in der Tiefe.

Diese Fähigkeit wird in der Zukunft eine neue Kommunikationskultur schaffen, die durch die Projektoren in die Welt getragen wird. Sie bieten geschützte Räume für alle, die sich an sich selbst anbinden wollen. Wenn ich mit Projektoren zusammen bin, merke ich immer, wie sich mein System langsam im Wind wiegt und Klarheit einstellt. Der Projektor darf jedoch als Erstes lernen, aus sich zu sprechen und an sich angebunden zu sein, bevor er versucht, Räume zu etablieren und zu halten. Denn seine Energie bestimmt maßgeblich die »Verkrampftheit« und Enge oder eben die Weite in solchen Räumen. Ein Projektor, der nicht authentisch agiert, ist sofort für alle anderen spürbar. Ist er hingegen in seiner Kraft und wendet er sich seinen Themen zu, kann er unendlich große Räume für andere Menschen halten, und das mit Leichtigkeit, ohne dass es anstrengend für ihn wird.

Damit sich ein Projektor beruflich entfalten kann, benötigt er folgende Dinge:

- Seine Fähigkeit der Observierung und des Erfassens, des Einklinkens, *muss* wertgeschätzt werden und ein wichtiger Teil der Arbeit oder der Position sein.
- Seine neuen Ideen oder knallharten Hinweise dürfen angenommen und umgesetzt werden.

- Vertrauen in die oft nicht messbaren Fähigkeiten des Projektors muss vorhanden sein.
- Er darf nicht unter Druck gesetzt werden, ein Ergebnis zu bringen, und muss die Zeit bekommen, die er für den Prozess braucht.
- Wertschätzende Einladungen lassen den Projektor verstehen, dass er ein wichtiger Teil des Gesamtprojekts ist und seine Expertise gebraucht wird.
- Er benötigt Anerkennung für sein Wesen – nicht für das Ergebnis, das er hervorbringt, sondern für die Art, wie er zu diesem Ergebnis kommt.

Wenn du einen Projektor als Gegenüber hast, kannst du ihn folgendermaßen dabei unterstützen, in seine berufliche Kraft zu kommen:

- Finde mit ihm heraus, wo es Menschen oder Unternehmen gibt, die seine Expertise wirklich wertschätzen.
- Mach ihm klar, welche Dinge ihn ermüden, und entdeckt gemeinsam, welche Rahmenbedingungen er braucht, um sich wohlzufühlen.
- Erinnere ihn daran, dass er NICHT in einen 9-to-5-Job gehört, und bestärke ihn darin, die Arbeitsweise zu benennen, die ihm guttut.
- Erkläre ihm, dass seine Arbeit nicht mehr klassisch im Zeit-gegen-Geld-Tausch stattfindet, sondern dass es vielmehr um seine energetische Präsenz und sein durchdringendes Auge geht.
- Gib ihm Raum, eine berufliche Entscheidung zu treffen; dazu braucht er unter Umständen viel Zeit, es kann aber auch sehr schnell gehen.
- Akzeptiere, dass Projektoren oft durch eine lange Phase des Suchens gehen, bevor sie ihren Wirkungsbereich finden, denn für diesen benötigen sie immer die eigene Erfahrung.

Der Projektor als Teammitglied

Hast du einen Projektor im Team, ist es für dich wichtig zu wissen, dass dieser am besten arbeiten kann, wenn er seinen Raum hat. Damit meine ich nicht nur das eigene Büro, sondern den Freiraum, die Abgrenzung von anderen Energien. Ein Projektor sammelt in dieser Zeit die Kraft, die er braucht, wenn er sich in Dinge und andere Energien einklinkt. Dafür darf er sich regelmäßig in seine »Blase« zurückziehen, um bei Kräften zu bleiben. Projektoren üben auf viele Menschen eine anziehende Magie aus, die man gern im Raum hat, denn sie bringt greifbare Weisheit mit sich. Projektoren umgibt eine Mystik, die ich als sehr angenehm empfinde. Wenn du also einen Projektor im Team hast oder dein Kollege einer ist, wirst du ihn daran erkennen, dass er dir eine Weisheit spiegelt und den Satz »Das haben wir schon immer so gemacht« nicht akzeptiert. Projektoren im Team benötigen darüber hinaus:

- eine offene Kommunikationskultur, die Möglichkeit, frei zu sprechen,
- regelmäßige Reflexionsgespräche als direkte Einladung an den Projektor im Team,
- die Möglichkeit, ihre Fähigkeiten einzubringen, und die Aufforderung, dies zu tun,
- Akzeptanz, dass sie nicht bei jeder Privatfeier dabei sind oder die Mittagspause lieber allein verbringen; sie sind deswegen nicht komisch, sie halten nur ihre Energie sauber und tanken Kraft,
- im besten Fall höchste Flexibilität, was Arbeitszeit, Ort und Raum betrifft, sodass sie entscheiden können, wonach ihnen ist,
- dass man ihnen zuhört, wenn sie Dinge anprangern, die aus ihrer Sicht nicht mehr funktionieren.

Der Projektor als Chef

Ein Projektor als Chef darf darauf achten, dass er regelmäßig die Bürotür schließt und in seinem Raum ist. Er darf lernen, dass es übergriffig sein kann, wenn man permanent alle anderen beobachtet und kontrolliert und ungefragt in den Energien der anderen ist. Als Chef darfst du darauf achten, dass du:

- deinen eigenen Rhythmus des Chef-Seins etablierst und deine Art der natürlichen Führung,
- lernst, offen zu kommunizieren, auch über deine Gefühle,
- dich weiterbildest, um Experte auf deinem Gebiet zu sein,
- prüfst, was oder wem du dich mit dem Herzen verpflichtest,
- dich nicht ungefragt in jeden einklinkst.

Wenn du einen Projektor als Chef hast, setze fehlende Präsenz nicht mit Faulheit gleich, im Gegenteil. Der Projektor-Chef arbeitet wahrscheinlich gerade hocheffizient, wenn seine Tür geschlossen ist. Bitte ihn regelmäßig um Tipps oder Vorgehensweisen, damit du von ihm lernen und seine Perspektive einnehmen kannst. Ein Projektor-Chef kann ein guter Mentor für deine Persönlichkeitsentwicklung sein, wenn du mit seinen Hinweisen in Resonanz gehst. Wichtig: Lass den Projektor-Chef sich bei dir einklinken, wenn du das willst. Du kannst dich abgrenzen, wenn du merkst, dass er ständig in deiner Energie ist, und das offen kommunizieren.

Der Projektor als Selbstständiger

Der Projektor als Selbstständiger darf auf folgende Dinge ganz besonders achten:

- Etabliere deinen eigenen Tagesrhythmus, mit oder ohne Routinen, so, wie es dir guttut.
- Gib Dinge ab, die dich ermüden.
- Baue das richtige Team um dich herum auf, das deinen Wert kennt und dir authentische Anerkennung zukommen lässt.
- Arbeite nur mit Menschen, die du fühlst und mit denen du arbeiten willst, verbiege dich und deine Art nicht für einen Auftrag oder für Geld.
- Wähle ein Arbeitsumfeld, das sich verändern kann und in dem du dich zu 100 Prozent wohlfühlst; das kann die Finca in der Sonne sein, die Gartenhütte oder das Co-Working-Café.
- Etabliere Honorare, die dir und deiner Energie entsprechen; dein Wert ist nicht in »Zeit gegen Geld« messbar.
- Entferne Leistungsdruck möglichst aus deinem Alltag.
- Bilde dich stetig weiter in den Bereichen, die dich einladen, zu ihnen zu kommen.
- Lerne, dich nach getaner Arbeit von Kunden, Klienten und Projekten abzugrenzen und energetisch zu reinigen.

Der Projektor als Elternteil

Ein Projektor als Elternteil darf ganz gezielt auf folgende Dinge achten:

- Werde dir deiner Bedürfnisse bewusst und setze sie durch (Sport, Zeit für dich).
- »Entleere« dich regelmäßig von den Energien der Familie.
- Opfere dich nicht permanent dafür auf, als »tolle Mutter« oder »toller Vater« Anerkennung zu bekommen; lass den Haushalt mal Haushalt sein und SEI stattdessen mit der Familie.
- Finde den Familienrhythmus und Rituale, die euch guttun.
- Kommuniziere und wahre deine Grenzen, wenn du von Generator- oder MG-Power umgeben bist.
- Etabliere offene und ehrliche Gespräche in der Familie über die Bedürfnisse aller, die dazugehören.

- Sprich mit deinem Partner offen über eventuelle Verbitterung und missbrauche nicht die Kinder als Ventil; finde andere Ventile, wenn du merkst, dass sich diese Schattenthemen zeigen.
- Setze dich mit den Themen der Co-Regulierung, der freien Gefühle und der Konditionierung in der eigenen Kindheit auseinander.

Der Projektor als Kind

Projektor-Kinder brauchen Anerkennung für ihr Wesen und nicht für Dinge, die sie »richtig« machen. Sie benötigen Wertschätzung und kein Lob für ihre Taten. So kannst du beispielsweise sagen: »Wow, das Bild gefällt mir richtig gut, bist du auch stolz auf dich?« Projektor-Kinder neigen dazu, alles zu tun, um Anerkennung und Liebe von ihren Eltern zu bekommen; dabei verstellen sie sich manchmal. Beobachte, ob dein Kind etwas aus sich heraus macht oder ob es das macht, weil es weiß, dass es dafür Nähe, Liebe und Anerkennung bekommt. Prüfe genau, was ihr für eure Kinder in der Familie etabliert habt, denn Projektor-Kinder reagieren sehr sensibel auf Strafen, Drohungen oder Liebesentzug. Beobachte den natürlichen Rhythmus deines Kindes und lass es so häufig wie möglich in diesem Rhythmus spielen und agieren. Wenn ein Projektor-Kind ein Gespür dafür hat, bei welchen Menschen es nicht sein möchte, nimm das bitte sehr ernst, denn Projektoren klinken sich schon als Kind in die Energien anderer ein. Dein Kind ist ein Radar für dich: Du weißt sofort, welches Umfeld nicht gut für euch ist.

Wenn dein Kind Dinge sieht, die im Alltag nicht funktionieren, lade es ein, das gemeinsam zu ändern. So kann es diese Fähigkeit trainieren.

Nimm den Mini-Projektor mit in die Welt der Magie und des Spürens

Projektor-Kinder fühlen und sehen viele Dinge, die mit dem Verstand nicht erklärbar sind. Tauche in diese Welt deines Kindes ein und erfahre, was es wahrnimmt. Macht Fantasiereisen zusammen und jagt den Feen im Garten hinterher. Auch wenn du nicht fühlen kannst, was dein Kind fühlt, gib ihm die Möglichkeit, sein Gespür zu trainieren, und tu nicht mit einer abfälligen Bemerkung ab, was es dir erzählt. Energien zu spüren, wird in den kommenden Jahren enorm zunehmen und wichtiger werden, Projektoren sind schon längst dort, wenn auch unbewusst. Hochsensibilität ist keine Krankheit oder besondere Ausprägung, sondern der natürliche Zustand des Menschen, der seine Sinne freischaltet. Nimm dein Kind also ernst und übe mit ihm gegebenenfalls, wie es Energien handhaben, sich reinigen, schützen und verwurzeln kann.

Sei ein sicherer Hafen

Gerade für sensible Kids und Teens ist der Alltag in den bestehenden Systemen schwer, ermüdend, schmerzhaft. Sei ein sicherer Hafen und biete ihnen Raum, dass sie sich dort zeigen können, wie sie sind. Es ist wichtig, dass Projektor-Kids diese Systeme kennenlernen, weil sie sie irgendwann aufsprengen werden.

Was du darüber hinaus für dein Kind tun kannst:

- Zeige deinem Kind, dass jeder Mensch natürliche Grenzen und Bedürfnisse hat.
- Nimm deinem Kind jeglichen Leistungsdruck in Kindergarten, Schule und Studium und erkenne das Fokusgebiet, das sich dein Kind aussucht, um Experte zu werden; das tun Projektoren schon sehr früh, meist lenkt die Gesellschaft sie aber von ihrem Weg ab.
- Ermögliche deinem Kind regelmäßig, sich zurückzuziehen (eigenes Zimmer); es darf den Familienausflug auch mal schwänzen.

Der Projektor als Partner

Das Wichtigste und Schönste, das du für deinen Projektor-Partner tun kannst, ist, ihn für sein Wesen zu lieben, nicht für die Dinge, die er tut. Nun verstehst du, warum so viele Projektoren in ihrem Wesen sehr gekränkt sind. Darüber hinaus kannst du Folgendes tun:

- Wertschätze ihn für das, was er ist, nicht für das, was er leistet.
- Gib ihm das Gefühl, dass du ihn in der Tiefe erkennst.
- Richte deinen Blick und Fokus auf ihn, wenn er sich dir mitteilen will, und lass ihn ausreden.
- Gib ihm das Gefühl, dass du dir Zeit für ihn nimmst; mach also nicht nebenbei den Abwasch oder geh raus, während der Projektor redet.
- Gib dem Projektor Raum für seine Alleinzeit und um zu SEIN.
- Verstehe, dass der Projektor nicht hier ist, um zu leisten.
- Akzeptiere, dass der Projektor Dinge anders macht, dir dies langsam und faul erscheint. Genau das macht sein effizientes Wesen aus.
- Teile ihm mit, wenn du seine Magie wahrnimmst.
- Sage dem Projektor klar, wenn er sich ungefragt einmischt, Grenzen überschreitet oder sich einklinkt, obwohl du das nicht möchtest.

Der Reflektor in Beziehungen

Steckbrief:

- 1 Prozent der Bevölkerung
- Chamäleon und Tieftaucher
- Neugieriges Fühlwesen
- Scharfsinniger Beobachter
- Alleskönner und Ausprobierer
- Antrieb: sich erfahren, die Welt erfühlen
- Strategie: Klarheit finden durch Füllen des Weisheitssacks und Fühlen von Emotionen
- Wichtigstes Tool: Naturverbundenheit, emotionales Bewusstsein, Flow
- Indikator für Energiestau: Enttäuschung
- Herausforderung: sich finden, spüren und abgrenzen, voll ins Leben eintauchen

… fühlt sich wohl, wenn:

- sein eigenes Biotop nach seinen Vorstellungen geschaffen wird
- andere ihn sein lassen
- ihm Zeit gegeben wird, um zu entscheiden
- er seiner Neugier folgen darf
- er sich in verschiedenste Menschen und Rollen einfühlen und diese erleben darf
- er alles sein darf, was er möchte
- man ihn in keine Schublade steckt

… darf lernen, dass:

- Energien und Emotionen nicht zwingend seine sind
- er in seiner Energie baden darf, um aufzutanken
- Musik, Rhythmus, Flow, Ernährung Grundpfeiler seiner Energie sind
- er ein wandelbarer Superheld ist, der sich in alles und jeden hineinfühlen kann, es aber nicht muss

… das macht ihm Angst:

- sich selbst nicht zu fühlen
- der Schmerz der Welt
- zu hohe Sensibilität gegenüber allem und jedem
- sein höheres Selbst zuzulassen

… das lässt ihn strahlen:

- Kind sein dürfen
- Überrascht werden vom Leben oder seinem Gegenüber
- strahlende Augen, wenn er Dinge teilt, in Gruppen integriert sein

Der Reflektor in Beziehungen

Die Reflektoren sind unsere Wegweiser, tief verbundene Menschen und gleichzeitig wandelbare Persönlichkeiten, die uns ganz gezielt zeigen, wie es um uns steht. Sie sind wie ein Chamäleon, das tief in die Energien der Umgebung eintaucht und diese in besonderem Maße wahrnimmt. In Beziehungen spiegeln Reflektoren ihr Umfeld, auch körperlich und gesundheitlich. Das gilt ebenfalls für ihr berufliches Umfeld und die eigenen Kinder und Eltern; der Reflektor adaptiert Stimmungen und Emotionen und ist in seinen Beziehungen ein Fühlbarometer. In seinem Wesen ist er neugierig und folgt seiner Beobachtungsgabe, um Neues zu entdecken. Mit seiner tiefen Anbindung und Fühlebene benötigt er in Beziehungen Vertrauen, ein stabiles Fundament und die Möglichkeit, sich über einen längeren Zeitraum hinweg zu zeigen. Man nennt ihn daher:

- das Fühlbarometer für Familie, Freundschaft, Firma,
- das Chamäleon der Gefühle und Stimmungen,
- den Tieftaucher in Verbindungen und Erfahrungen,
- den scharfsinnigen Beobachter und Erfasser seines Umfelds,
- das neugierige, verspielte Kind.

Leitsätze für Beziehungen mit Reflektoren

- Ich gebe dir Zeit für Entscheidungen und beobachte deine Entscheidungsfindung.
- Ich vertraue auf deine Weisheit und dein Gefühl für die Beziehung.
- Ich lasse dich dein neugieriges Wesen ausleben und dorthin gehen, wo du dich einfühlen willst.
- Ich ermutige dich, dich vom Leben überraschen zu lassen.
- Ich nehme deine Veränderung wahr, werte sie aber nicht.

Der Reflektor im Berufsleben

Reflektoren sind als Chamäleons wie ein Temperaturfühler für Unternehmen, Menschen, Natur und Projekte. Im beruflichen Kontext bedeutet das, dass sie direkt anzeigen können, wie es um ein Projekt, ein Team, eine Stadt, Agrarland, Kinder et cetera bestellt ist. Sie spiegeln das Umfeld, in dem sie sich befinden. Mithilfe ihrer Weisheit kann man Schlüsse ziehen, die wichtig für Veränderungen sind. Reflektoren sind beispielsweise ideale Feel-good-Manager in Unternehmen. Sie zeigen an, wenn das Wohlbefinden nicht stimmt, sorgen aber nicht dafür, dass es sich ändert – das machen andere Energietypen.

Aus der Erfahrung in die Fähigkeit

Reflektoren folgen ihrer Neugier, was bedeutet, dass sie oft erst Erkenntniszyklen durchleben und durchlaufen, bevor sie Dinge in anderen erkennen. Ein Reflektor, der beispielsweise Gemüse und Obst anbaut, hat große Erfahrung in diesem Bereich, weil er alles Nötige selbst durchlaufen hat. Seine Neugier bringt ihn dazu, die Dinge zu hinterfragen, die er erlebt. Ist dieser Erfahrungs-Imprint einmal gespeichert, kann er diesen natürlich auch in anderen Projekten wahrnehmen.

Das Chamäleon probiert sich aus

Meiner Erfahrung nach ist es sehr individuell, wo ein Reflektor sich wohlfühlt. Aufgrund seiner lunaren Autorität (siehe Seite 117) taucht er in so viele Energien ein, dass er in der Lage ist, auch körperlich zu arbeiten. Dabei treiben ihn seine Neugier und die vorherrschende Planetenenergie (siehe Seite 179) an. Er taucht ein, um seine Neugier zu befriedigen und sein Wissen sowie seine Weisheit zu vergrößern. Das gilt auch und besonders für den beruflichen Bereich. Ein Chamäleon wie der Reflektor passt sich den vorherrschenden Bedingungen an, um sich dann – eine Erfahrung reicher – wieder in seine ursprüngliche Form zu verwandeln. Deswegen ist es schwer, dem Reflektor etwas zuzuordnen.

Einen Beruf erschaffen – kein Problem

Der Reflektor neigt dazu, sich einen Beruf zu erschaffen, den es noch nicht gibt. Vorab wird er einige Erfahrungen in festen Berufsbildern sammeln, um genau zu wissen, was er möchte und wo es ihn hintreibt. Wenn dein Gegenüber ein Reflektor ist, ist es wichtig, ihm zu vertrauen: Es wird klappen! Reflektoren brauchen zur Entfaltung so wenig Zwang und Barrieren wie möglich, was wiederum nicht heißt, dass sie keine Orientierung benötigen.

Aus der Anbindung in die Verbindung

Im beruflichen Kontext, gerade wenn der Reflektor mit Menschen arbeitet, ist es wichtig, dass er die Verbundenheit mit sich selbst immer im Blick hat, denn daraus schöpft er Kraft, da kann er auftanken. Eine möglichst naturbelassene Ernährung, die energetisch für ihn »sauber« ist und seinen Werten entspricht, ist essenzieller Bestandteil seines Alltags. Seine Verbundenheit zu stärken, ist Teil seines Jobs, weswegen eine regelmäßige Anbindung über Atemübungen, Sexualität oder Yoga wichtig für ihn ist. Weil der Reflektor im SEIN agiert, ist es so schwer, ihm Dinge zuzuschreiben. Sein Beruf ist mit seinem SEIN verbunden, egal, was er tut.

Nicht im System, um es zu bedienen

Reflektoren machen ein Prozent der Weltbevölkerung aus und sind in Systeme geboren, die sie mit ihrer hohen Fühligkeit nicht weiter bedienen, sondern durch ihre Wahrnehmung verbessern sollen. Es kann also sein, dass der Reflektor in einige bestehende Dinge eintaucht, um dann als Spiegel für Veränderung zu fungieren. In diesem Zusammenhang würde man von einem Consultant oder Unternehmensberater sprechen.

Was ein Reflektor im beruflichen Kontext noch benötigt

- Ein Reflektor darf sich überraschen lassen und seiner Neugier folgen, egal, in welchen Beruf es ihn treibt.
- Er darf sich ermächtigen, seinen Beruf/seine Berufung zu wechseln, wenn er merkt, dass sich ein anderes Feld auftut, das er gern erspüren und erfahren möchte.
- Er benötigt regelmäßig Raum für sich, um seine Erfahrungen und sein Eintauchen in die Dinge zu reflektieren und zu integrieren.
- Der Reflektor braucht Freiraum, um je nach Stimmungslage, Projekt oder beruflicher Aufgabe neu wählen zu können, und darf zu sich zurückfinden.
- Der Reflektor braucht Freiräume für seine Kreativität und Lust, Dinge zu tun.
- Er braucht Einladungen, als »Fühl-Instrument« zu fungieren oder Projekte, Menschen, Tiere et cetera zu begleiten.

Unterstützung beim Finden der Berufung

Am besten kannst du einen Reflektor beim Finden der beruflichen Erfüllung unterstützen, indem du mitschreibst, wie sich seine Stimmungslage und Erkenntnisse ändern, oder indem du ihn dazu animierst, Tagebuch zu führen. Reflektoren fühlen über einen längeren Zeitraum in Dinge hinein, aber das müssen nicht immer 29 Tage sein (siehe dazu Seite 117). Du kannst ihm helfen, indem du:

- deine Impulse mit ins Rennen wirfst,
- ihn offen nach seinem Befinden und Empfinden fragst und es keinesfalls bewertest,
- ihn fragst, was sich bezüglich seiner Entscheidung oder Berufung gerade in ihm verändert,
- ihn nicht in eine Richtung drängst, sondern ihm Raum für seine Neugier lässt – auch wenn er mal gegen die Wand läuft,
- ihn daran erinnerst, dass er Klarheit findet, wenn er aus allen Energien draußen ist, auch aus deiner.

Mit ihrer Spürfähigkeit findet man Reflektoren in diversen beruflichen Bereichen, beispielsweise als:

- Berater, Coach, Ratgeber, Consultant,
- Überblicker und Tiefenerfasser,
- Psychologe, Psychotherapeut,
- Trainer der Trainer,
- Mitarbeiter in Reflexionsabteilungen im Unternehmen (zum Beispiel Controlling),
- Mitarbeiter in Projektabteilungen, im Ressourcenmanagement, in der Personalabteilung,
- Erfinder eines neuen Jobs,
- Do-it-yourself-Unternehmer mit neuem Konzept und Berufsnamen.

Den Reflektor kann man als Typ schwer kategorisieren, weshalb ich hier nicht im Einzelnen auf die Rollen als Teammitglied, Chef und Selbstständiger eingehe.

Der Reflektor als Elternteil

Für den Reflektor als Elternteil kann es eine unglaubliche Erfüllung sein, mit Kindern in Kontakt zu treten, die ihn an seine eigene Neugier und Offenheit für das Leben erinnern. Reflektor-Eltern können stundenlang mit ihren Kindern ins Spiel eintauchen, mitmachen, sich einlassen; sie saugen dabei jede Minute als Bereicherung auf, weil dabei ihr eigenes inneres Kind zutage tritt. Reflektoren als

Elternteile, die bewusst mit ihren Emotionen umgehen, sind ihren Kindern starke Anker mit offenen Armen, die bedingungslos das Wesen der Kinder annehmen. Reflektor-Eltern, die in starken Konditionierungen stecken und wenig Gefühl für sich haben, können wie ein Blatt im Wind wirken: Sie kennen keine Richtung und können deshalb keine vorgeben. Für Reflektoren ist es besonders wichtig, sich mit dem eigenen Wesenskern zu befassen. Darüber hinaus dürfen sie:

- dem Kind Raum zum Entdecken geben,
- sich auf das kindliche Spiel einlassen,
- dem Teen und der ganzen Familie die Stimmung spiegeln,
- ihren Körper als Indikator für den aktuellen Zustand der Familie wahr- und ernst nehmen,
- sich Zeit in der Natur einräumen,
- sich Zeit geben und beobachten in den Energien mit anderen Menschen,
- Erwartungen an Elternschaft oder Familienleben öfter über Bord werfen,
- sich im Alltag wenig Stress machen und die Dinge fließen lassen,
- nicht enttäuscht sein, wenn die Dinge mit Kindern anders laufen, sondern sich auf neue Situationen einlassen,
- sich einfach mal überraschen lassen vom Rest der Familie und den Kindern mit ihren Ideen folgen.

Der Reflektor als Kind

Reflektoren sind schon als Kinder der Spiegel für das Familiensystem. Ihr Gesundheitszustand zeigt gerade in den ersten sieben bis acht Lebensjahren die Konstitution der Familie an. Diese Kinder verarbeiten die Dinge stark, weil ihr Fühlen unheimlich tief ist. Sie benötigen aktive Begleitung und Bindung, um zu lernen, damit umzugehen, dass sie andere Menschen abtasten und in deren Energien eintauchen. Das kann bei Reflektor-Kindern im Alltag schnell zu Überforderung führen, wenn sie in Kindergarten, Schule und Co. mit viel zu vielen Menschen konfrontiert werden. Sie verarbeiten meist nachts oder befinden sich offensichtlich in einer emotionalen Disbalance. Hier hilft es, als Eltern einen sicheren Raum zu bieten, in dem die Kinder ihre Emotionen rauslassen können. Eltern sollten als Unterstützung ein hohes emotionales Bewusstsein haben und nichts persönlich nehmen. Reflektor-Kinder kann man unterstützen, indem man ihnen regelmäßig die Last der Verantwortung von den Schultern nimmt und mit ihnen zusammen im Flow, in Leichtigkeit in den Alltag einsteigt.

Reflektor-Kinder brauchen einen Rückzugsort, einen Raum oder einen Ort wie ein Baumhaus oder den Garten. Reflektor-Kinder sind sehr sensibel und oft überfordert mit den gegebenen Systemen. Eltern dürfen hier gezielt unterstützende Modelle suchen: Montessori-Kindergärten und -Schulen, Kitafrei-Modelle, bedürfnisorientierte Waldkindergärten und Schulen.

Reflektor-Kinder können sehr provozierend wirken, wenn sie den Druck der Eltern spiegeln, obwohl das ihr Wesen und kein bewusster Angriff ist. Bedenke als Elternteil, dass sie in deiner Energie aufwachsen und adaptieren, was du tust. Und trotz alledem bist du ab einem gewissen Punkt nicht mehr für das Verhalten und die Emotionen deines Teens, deines großen Reflektor-Kinds, verantwortlich. Lerne, dir als Elternteil eines Reflektors zu vergeben, denn diese hohe Fühligkeit hat derzeit wenig Raum auf der Erde und das Dauerspiegeln kann dich glauben lassen, du hättest vollkommen versagt. Das hast du nicht, denn ein Reflektor adaptiert auch deine Veränderungen und Erkenntnisse und kann durchaus an einem späteren Lebenspunkt eine ganz neue, intime Bindung zu dir aufbauen. Dazu muss man Reflektoren aber meist als junge Erwachsene ziehen lassen.

Eltern von Reflektor-Kindern tun das Beste für ihre Kinder, wenn sie im Bereich Bewusstsein und Persönlichkeitsentwicklung an sich arbeiten und zu sich finden. Denn dadurch fallen viele falsche Projektionen auf die Kinder weg; die Kinder dürfen sein und müssen keine Rolle mehr ausfüllen. Dinge, die hier gut helfen und die Kinder unterstützen, sind die aktuelle Bindungsforschung, gewaltfreie Kommunikation, bindungsorientiertes Wissen, freie Schulen und Betreuungskonzepte sowie die Stärkung der Kinder durch Affirmationen.

Reflektor-Kindern kann es helfen, wenn sie eine Routine erlernen, bei der sie Energien abgeben können (Meditation für Kinder, Yoga für Kinder, Bodyscan vor dem Einschlafen).

Zusätzlich gilt für Reflektor-Kinder:

- Sie dürfen ihre Energien reinigen (baden, duschen, energetisch reinigen, eigenen Raum haben).
- Sie dürfen emotionale Ausbrüche haben und damit Energien loswerden.
- Verwurzelung und Anbindung sind wichtig, sonst kann sich der Reflektor verlieren und abdriften – versuche, mit deinem Kind gemeinsam zu finden, wo es ankert (Spiel, Fähigkeit, Glaube).
- Lass dich auf das neugierige Wesen deines Kindes ein oder versuche, es zu wecken.

- Schenke Umarmungen, wenn der Reflektor um sich schlägt, halte ihn liebevoll und gib ihm das Gefühl, sein Wesen verstanden zu haben.
- Sei mitfühlend mit dir, wenn dich der radikale Spiegel aus der Bahn wirft – du bist gut, wie du bist.

Der Reflektor als Partner

Der Reflektor als Partner kann die ultimative Erfüllung, aber auch eine stetige Herausforderung sein. Denn er erfasst dich in der Tiefe. Du wirst gescannt, gespiegelt und womöglich komplett angenommen. Gruselig? Nein – denn Reflektoren können mit ihrer warmen Art ebendieses Gefühl schenken und geben. Der Reflektor als Partner neigt dazu, bei zu hohen Erwartungen oder Wünschen vom Leben oder von dir enttäuscht zu sein. In diesem Fall solltest du offen mit deinem Reflektor-Partner sprechen, da er unnötige Kontrolle im Leben loslassen darf. Je mehr ein Reflektor zu sich kommt, desto mehr wird er neugierig andere Wege gehen. Neuer Job, neuer Wohnort, er will sich einfühlen und erkennen. Dabei ist es wichtig, dass dein Reflektor-Partner das darf. Gib ihm Zeit, sich einzufühlen, bevor er große Entscheidungen trifft, und erinnere ihn daran, dass eine Handlung aus der Ad-hoc-Emotion nicht unbedingt richtig für sein System ist. Wenn dein Reflektor-Partner sein neugieriges und kindliches Wesen entdeckt, Experimente in der Küche anstellt oder neue Hobbys ausprobiert, dann lass ihn und beobachte es mit einem Lächeln.

Generell kannst du:

- den Reflektor-Partner an seine tiefe Fühligkeit erinnern und ihn mit Routinen und Energiearbeit in Verbindung bringen,
- ihm den Raum lassen, neugierig das Leben zu entdecken,
- ihn unterstützen, indem du ihm bei Entscheidungen keinen Druck machst,
- ganz offen mit ihm kommunizieren und ihn um seinen Spiegel bitten,
- den Reflektor-Partner in seinem Wesen annehmen,
- ihn auf unnötige Kontrolle hinweisen, wenn er zu sehr am Leben zerren möchte.

Typen in Beziehungen: Gesamtdynamik

Ich möchte dir das folgende Bild an die Hand geben, das die Dynamiken der Typen gut beschreibt und sehr leicht einzuprägen ist:

Der Manifestor setzt den Samen. Er steht auf einem Berg und sagt: »Genau hier soll meine Burg entstehen.« Er skizziert die Burg bis ins Detail und bannt seine Vision auf eine Leinwand.

Der Projektor sieht als Architekt Schwachstellen, die keiner bemerkt hat, und öffnet den Raum für Neues. Er nimmt den weisen Blick von oben ein, sieht die Leinwand und wandelt sie in einen Projektplan um. Der Projektor teilt die Arbeitsgruppen ein und bemerkt sofort, wenn etwas unklar ist oder es logistische Probleme gibt. Der Projektor sagt dem Manifestor klipp und klar, wenn seine Vision nicht umgesetzt werden kann und/oder er das Bild ändern muss.

Der manifestierende Generator verwandelt Vision in Materie und bringt das Kind zur Welt: Er steckt als Bauleiter die ersten Fähnchen in den Boden und hebt die Baugrube mit aus. Er zeigt den anderen, wie es geht, und hat stets neue Ideen zur Verbesserung.

Der Generator baut alle Mauern und sorgt für die Ausführung der Details. Er ist der Schmied, der kunstvolle Eisenverzierungen fertigt und den Wasserspeier zum Leben erweckt. Er setzt Stein auf Stein, mit Hingabe an sein Handwerk.

Der Reflektor meldet die allgemeine Stimmung oder Verstimmung in Team und Burg. Er nimmt wahr, ob sich die Menschen, die dort leben, wohlfühlen, ob die Burg ihren Zweck erfüllt und die Vision erreicht wurde. Er erkennt, ob das Wassersystem neu angelegt werden muss oder ob die Menschen sich zu einem Bürgerkrieg zusammentun.

ASTROLOGISCHE ELEMENTE: PERSÖNLICHKEITS-BETONUNGEN

Die Persönlichkeitsbetonungen des Gegenübers

Mit diesem Kapitel tauchen wir noch tiefer in die Individualität des Menschen ein und erforschen das Human-Design-Chart im Bereich der Grundlehre Astrologie, damit wir leichter verstehen, dass sich eine Typenenergie zwar ähneln kann, aber jeder Mensch ganz andere Prägungen mit sich bringt. Wir verlassen damit das Schubladendenken noch mehr.

Ist jeder Manifestor eine »treibende Kraft« in der Sexualität? Oder gibt es einen Generator, der so luftig und visionär unterwegs sein kann wie ein Manifestor? Gibt es Typen, die du erst einmal einem anderen Typ oder Profil zuordnen würdest, weil sie eher zurückgezogen erscheinen oder einen sehr geerdeten Eindruck machen? Über diese Fragen und viel mehr geben uns die vier Elemente Aufschluss, die wir im Human-Design-Mandala finden.

Ich habe einmal folgenden Satz gehört: »Der Projektor ist eine empfangende Energie und beim Sex passiv.« Ich musste lachen und dachte mir: »Nein, ganz und gar nicht.« Denn hast du einen Projektor vor dir, der feuerbetont ist in der Sonne und den Mars im Skorpion stehen hat, dann heißt es: festhalten im Bett!

Ich gebe dir in diesem Kapitel einen Einblick in die Bedeutung der Elemente, die unsere Energie prägen, und erläutere, wie du die Betonung für dich und dein Umfeld herausfinden kannst. Auch hier gilt: Es sind Hinweise und Impulse zum besseren Verstehen deines eigenen Wesens und das deines Gegenübers. Spannend ist es aber herauszufinden, was passiert, wenn Feuer und Wasser aufeinandertreffen, oder wie Luft und Erde sich ergänzen können.

Die vier Grundelemente des Lebens

Wir beschäftigen uns hier mit den vier Grundelementen des Lebens, die jeweils den Tierkreiszeichen zugeordnet sind. Die vier Elemente Feuer (rot), Erde (gelb), Wasser (grün) und Luft (blau) gehören zu folgenden Tierkreiszeichen und sind in jedem Human-Design-Mandala zu finden. Die Elemente sind fest einem Tierkreis zugeordnet und gehören fix zu den jeweiligen Toren im Tierkreis. Du kannst deine Betonung in der Abbildung (siehe Seite 92) oder in der Tabelle (siehe Seite 218) ablesen.

- **Erdzeichen:** Steinbock, Stier, Jungfrau
- **Feuerzeichen:** Widder, Löwe, Schütze
- **Luftzeichen:** Wassermann, Zwillinge, Waage
- **Wasserzeichen:** Fische, Krebs, Skorpion

Die Elemente sind in der Astrologie Grundbetonungen des eigenen Wesens. Aus ihnen lassen sich ideal Grundbedürfnisse, charakterliche Merkmale sowie Verhalten und Wünsche in Beziehungen ableiten. Die Kombination der Elemente in Beziehungen ist ein interessanter Faktor, der uns zu noch mehr Annahme des eigenen Wesens und das des Gegenübers führt. Vorab sei noch erwähnt, dass wir immer alle Elementfacetten in uns tragen, aber ihre Ausprägung im Individuum unterschiedlich verteilt ist.

Die wichtigsten Betonungen im Chart

Einen großen Einfluss beziehungsweise eine starke Spürbarkeit für dich und die dich umgebenden Personen haben dein Sonnenzeichen und dein Mondzeichen mit den jeweiligen Elementen, in denen sie stehen.

- **Element der bewussten Sonne**
  (70 Prozent Betonung der Persönlichkeit)
- **Element des unbewussten Mondes**
  (instinktive Betonung aus dem Unterbewussten, emotionale Welt, Bedürfnisse)

Du kannst in folgender Abbildung deine bewusste Sonne und den unbewussten Mond sowohl im Human-Design-Bodygraphen als auch im Human-Design-Mandala herauslesen.

Die Persönlichkeitsbetonung im Human-Design-Mandala

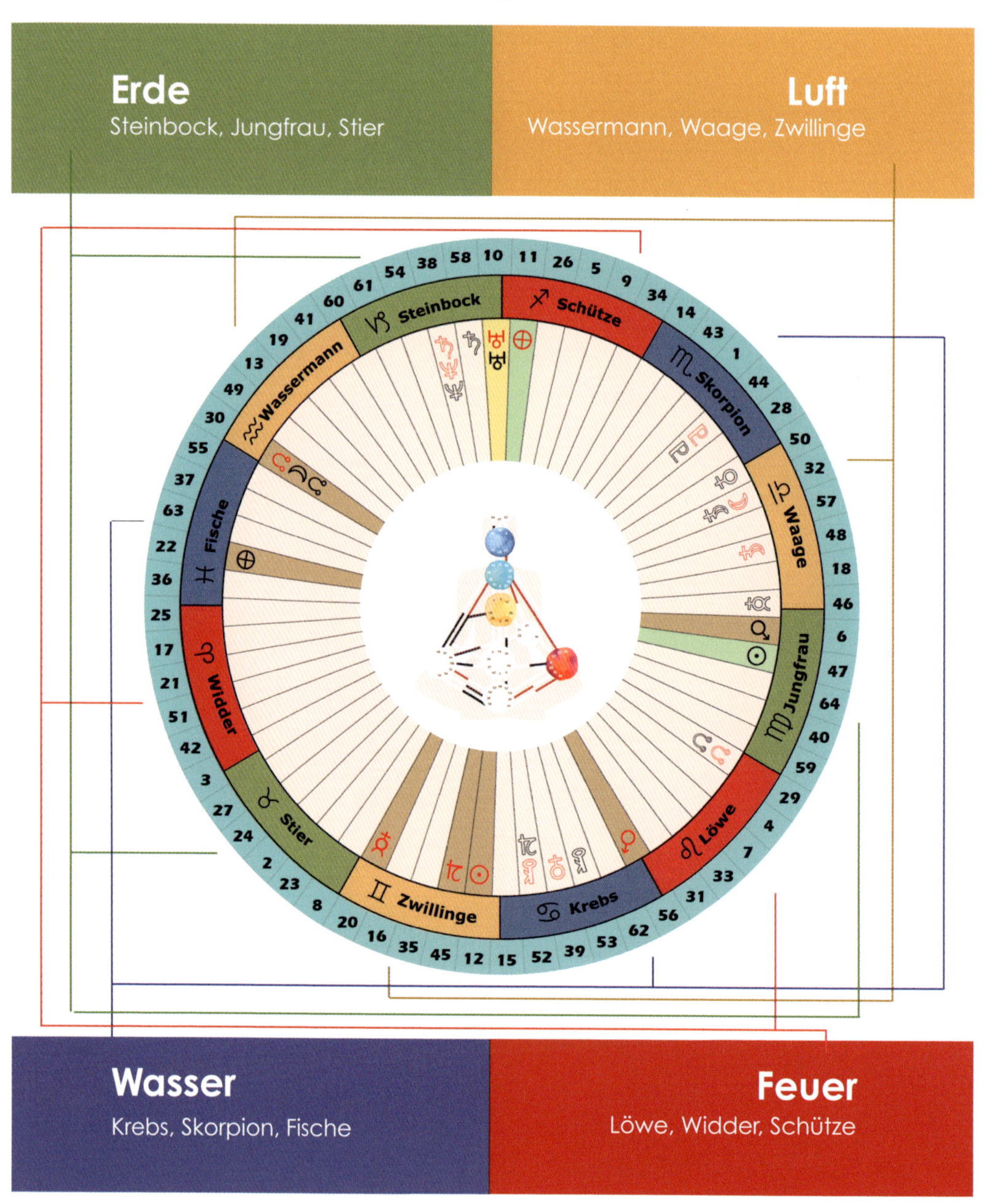

Du kannst für jedes deiner individuellen Tore eine Elementbetonung herausfinden und so genau analysieren, mit welcher zusätzlich prägenden Kraft dieses Merkmal versehen ist.

Wie nutzt du nun die Hinweise auf die Betonung? Da im Human Design jedes Tor und somit die darin befindlichen Planeten einem Element zugeordnet sind, kannst du ableiten, welcher zusätzliche Einfluss auf die Toreigenschaft wirkt.

Erde: Fundament, Stabilität, Treue und Frieden

Die Erde ist ein sehr festes Element, das für Samen, die gepflanzt werden, nahrhaften Boden bietet. Die Erde ist das Element, das uns als Fundament dient, darum steht es für Bodenständigkeit, Standhaftigkeit, Willen, Pflichtbewusstsein und Stabilität. Dieses Element verändert sich am wenigsten, ruht in sich, kann aber auch beben. Erdbeben sind zwar die seltensten Naturkatastrophen, und doch bringen sie alles ins Wanken. Das Element Erde wird den folgenden Tierkreiszeichen und damit allen in ihm befindlichen Toren zugeordnet (siehe linke Seite Human-Design-Mandala).

Die Erdzeichen: Steinbock, Stier, Jungfrau

Erdbetonte Menschen geben Ruhe, Kraft, Frieden und Sicherheit. Da die Erde ein sehr festes und unnachgiebiges Element ist, kann es schwierig sein, zu einem Erdmenschen durchzudringen, außer man bringt ihn tatsächlich zum Schmelzen. Erdbetonte Menschen lassen nicht leichtfertig andere an sich heran, sind dafür jedoch in der Lage, enorme Verantwortung zu übernehmen und Gleichgewicht in Beziehungen und im Leben herzustellen. Das fällt ihnen allerdings nicht immer leicht, denn die Erde ist ein Element, das sich nur langsam verändert. So braucht ein erdbetonter Mensch Zeit, um sich auf neue Konzepte und Ideen einzulassen, und wird mit der Zeit weicher. Diese Menschen empfinden tief und sind in ihren Emotionen nicht immer lesbar, können sich aber, hat man Geduld, sehr weit öffnen und stehen loyal an der Seite des Partners. Sie sind ehrliche Wegbegleiter mit Sinn für das Handfeste und Greifbare.

Erdbetonten Menschen ist es wichtig, dass die Dinge, die sie ins Leben bringen, gedeihen. Aus diesem Grund ordnet man erdbetonten Menschen Fürsorge und eine gewisse Mütterlichkeit sowie Fruchtbarkeit (Mutter Erde) zu. In Beziehungen lieben sie Stabilität, Verlässlichkeit, Halt und Dauer und schenken dies ebenso ihrem Partner oder ihren Kindern.

Die Stärke der erdbetonten Menschen liegt in ihrem (manchmal fast starren) Willen, etwas zum Blühen zu bringen und zu nähren. Allerdings trocknet die Erde aus, wenn Pflanzen und andere Elemente ihr nichts entgegenbringen oder zurückgeben. Sie wird brüchig und bietet nicht mehr das Fundament, das nur entsteht, wenn Geben und Nehmen im Einklang sind. Für diese Menschen ist die Reife ein wichtiges Geschenk, und so betrachten sie ihre Beziehungen: jeden Tag ein Stück weiterwachsen.

Im Beruflichen zeichnen sich erdbetonte Menschen dadurch aus, dass sie enorm zuverlässig sind, einen langen Atem haben und sich ihrer Verantwortung stets bewusst sind. Sie vertrauen dabei auf Bewährtes und Beständiges und können mühelos bekannte Dinge öfter durchführen.

Schattenthemen der Erdbetonung

Durch ihre Festigkeit dürfen erdbetonte Menschen lernen, dem Leben flexibel gegenüberzustehen und sich auf Neues einzulassen. Routinen erleichtern den Tag und das Gedeihen der Saat und es bereitet einem erdbetonten Menschen Mühe, sich auf Ungewohntes einzustellen. Die Folge sind Starrköpfigkeit und übertriebenes Festhalten an Routinen. Erdbetonte Menschen dürfen darüber hinaus in einem besonderen Maße darauf achten, dass sie nicht nur anderen dienen, sondern auch sich selbst. Sie können nur nähren, wenn sie genährt sind. Sie neigen allerdings dazu, Berge der Verantwortung auf ihren Rücken zu laden und sich dabei zu überlasten.

Das macht den erdbetonten Menschen aus

- Weibliches Element: Fruchtbarkeit, Mütterlichkeit und Fürsorge
- Steht für Stabilität, Frieden, Fundament, Kraft, Sicherheit, Verlässlichkeit, Treue und Struktur
- Praktische und handfeste Veranlagung, erschafft gern Wertvolles mit den Händen
- Mag Routinen und bewährte Dinge, tut sich schwer, sich auf Neues und Unbekanntes einzulassen

- Investiert Zeit und Kraft in Beziehungen, weil er möchte, dass alles gedeiht
- Schattenthemen: Unnachgiebigkeit, Starrköpfigkeit, Angst vor Veränderung, Zorn

Feuer: Leidenschaft, Kraft, Antrieb, Wärme

Das Element Feuer ist in der Astrologie der Ursprung aller Elemente und symbolisiert Schöpfung, Leidenschaft, Enthusiasmus, Antriebskraft, Wille, Streben und Tatkraft. In der Astrologie ist das Feuer das erste Element, das alle anderen Elemente erschafft und damit den Funken des Lebens bringt.

Die Feuerzeichen: Widder, Löwe, Schütze

Wer das Element Feuer als Betonung hat, drängt nach Entfaltung im Leben, wie die Flamme, die immer höher schlägt. Ein Feuermensch strebt danach, andere zu entflammen und mitzureißen, er drängt danach, eine Entwicklung einzuleiten. Wie das Feuer können diese Menschen mit ihrem Licht wärmen und einen Weg weisen, aber auch aufbrausend Dinge zerstören, wenn sie unkontrolliert brennen. So stellen sich ihnen Lebensaufgaben zu den Themen Macht und Zerstörung.

Feuerbetonte Menschen fordern gern andere heraus, um zu sehen, womit sie wiederum Kreativität und Konflikte fordern und fördern können. Je nach Chartkonstitution sind feuerbetonte Menschen selbstbewusst und haben ein starkes, manchmal sogar wild-feuriges Auftreten.

Für diese Menschen ist es wichtig zu wissen, dass ein Zündfunke reicht, um ein neues Feuer zu legen, wobei sie aber nicht unbedingt die Dinge vollenden. Es tut ihnen jedoch gut, andere anzustecken und das entfachte Leuchtfeuer wachsen zu sehen. Zudem sind feuerbetonte Menschen oft der Mittelpunkt in Beziehungen oder Gemeinschaften, die Menschen scharen sich um sie, um belebt zu werden und Wärme zu erhalten.

Schattenthemen der Feuerbetonung

Feuer kann zerstören und sprüht bei genügend Wind unkontrolliert Funken in alle Richtungen und kann gierig um sich greifen. Feuerbetonte Menschen sind ihr Leben lang mit den Themen Macht, Grenzen und Übergriffigkeit konfrontiert, um zu lernen, die Kraft des Feuers gezielt einzusetzen. Feuermenschen können explodieren und müssen ihren Funken Raum geben. Das kann mit einer Entladung einhergehen, die sich aber schnell legt. Ein Feuermensch ist in der Regel nach einem Ausbruch ruhig und nicht nachtragend. Wichtig ist aber, dass er es rauslassen kann und darf, ohne andere dabei zu verletzen.

Feuer und Luft sind die beiden Elemente, die Freiheit und Unabhängigkeit in Beziehungen lieben. Die Luft kann sich jedoch überall hinbewegen, während das Feuer ortsgebunden ist und einen Nährboden zum Brennen braucht. Feuerbetonten Menschen ordnet man also eine gewisse Sesshaftigkeit zu; ein Umfeld, in dem sie sich entfalten können, das sich aber nicht ständig ändert, kann für sie von enormer Wichtigkeit sein. Stellt ein Feuermensch fest, dass es keinen Brennstoff, keine Entfaltungsmöglichkeit mehr gibt, fällt es ihm aber nicht schwer, einen neuen fruchtbaren Ort zu suchen, an dem er sich entfalten kann.

Feuerbetonte Menschen sind ausgesprochen spontan und folgen Zündfunken, wenn sie sich zeigen. Eine feste Struktur brauchen sie eher weniger, vielmehr die Möglichkeit, also freie Stellen im Terminkalender, um sich alle Optionen im Leben offenzuhalten.

Das macht den feuerbetonten Menschen aus

- Männliches Element: Vater, Hüter
- Steht für Leidenschaft, Kraft, Zündfunke, Ideen, Entfaltung, Schöpferkraft
- Ist Wärme- und Lichtspender, weist anderen den Weg
- Liebt es, andere mitzureißen und zu begeistern, sät den Samen, hegt die Pflanze aber nicht
- Benötigt einen Ort, der ihn nährt und das Feuer nicht ausgehen lässt; kann sich leicht einen neuen Ort suchen, wenn das Feuer in einer Beziehung erlischt
- Ist spontan und einfallsreich und kann gegebenenfalls eine Explosion verursachen; nährt sich durch Reibung, Leidenschaft und Konflikte
- Schattenthemen: Gier, Übergriffigkeit, cholerisches Verhalten, Zerstörungswut

Luft: Leichtigkeit, Freiheit, Kommunikation

Das Element Luft steht für Leichtigkeit und Kommunikation, dafür, dass Dinge mit dem Wind transportiert werden, für Intelligenz, Vielseitigkeit und den Mut, sich Neuem zuzuwenden und die Welt zu erkunden. Die Luft ist der Atem des Lebens.

Luftzeichen: Wassermann, Zwillinge, Waage

Ein Mensch mit Luftbetonung verkörpert vor allem eines: Freiheit und Leichtigkeit. Er ist ein absoluter Kopfmensch, den es nach geistigem Wissen und nährenden neuen Erkenntnissen dürstet. Luftbetonte Menschen stehen für das Thema Kommunikation, denn sie verbreiten Nachrichten und Wissen in Windeseile und tragen sie dorthin, wo sie gebraucht werden.

Luft als Element kann ruhig sein oder bedächtig wehen, aber auch alles rasant durchwirbeln und durchpusten. Ein luftbetonter Mensch bringt ebenso in Bewegung und ist wie sein Element komplett ortsungebunden. Er hat Tage, an denen er nichts und niemanden durchpusten muss, und dann gibt es Tage, an denen er wie ein Wirbelsturm durch das Leben anderer fegt und sie mit Ideen und Wissen befruchtet. Die Luft trägt die Samen, die das Feuer hervorbringt, weiter zu fruchtbarer Erde, in der sie wachsen und gedeihen können.

Luftmenschen in Beziehungen lieben die Unabhängigkeit, vor allem emotional und materiell. Sie reisen gern mit leichtem Gepäck. Sie benötigen einen Partner an ihrer Seite, der sie beflügelt und mit ihnen fliegt, dann gelangen sie zu der tiefen Beziehung, nach der sie sich sehnen. Andernfalls werden sie schnell das Terrain wechseln, da sie mit dem Kopf wirklich in den Wolken hängen und visionäre Weltveränderer sind.

Luftbetonten Menschen schreibt man klärende Kräfte zu, denn die »dicke Luft« wird klarer, wenn der Wind durchweht. Sie gelten als Rätsellöser, Erfinder und Erneuerer. So können sie die Gedanken anderer ordnen oder ihnen Leichtigkeit einhauchen. Sie zeichnen sich durch ein hohes Maß an logischem Denken aus, das direkt mit ihren Emotionen verknüpft ist. Der Alltag, auch im Beruflichen, kann für den Luftmenschen sehr herausfordernd sein, denn er gilt bisweilen als wankelmütig, unstet und zu schnell. Luftbetonte Menschen neigen dazu, zu gehen, wenn es schwierig wird, und die Last anderen aufzubürden. Sie sind neugierig und haben viele Ideen, die aber regelmäßig überprüft werden dürfen. Sie sind ideale Kommunikatoren, sie unterhalten und ziehen Menschen mit ihrem luftigen Mindset in den Bann.

Schattenthemen der Luftbetonung

Heute hier, morgen da, sowohl gedanklich als auch generell im Leben: Der ewig suchende Geist des Luftmenschen braucht viel Stimulation, was ihn zu einem Wanderer und Suchenden werden lässt, der es schwer hat, sich tief zu binden. Zusätzlich hat die Luft das Talent, sich mit ihrer Präsenz überall auszubreiten, ist aber für andere kaum greif- oder lesbar. Andere können Luftmenschen gedanklich nicht immer folgen. Die luftigen Menschen leben oft lieber die Idee einer Beziehung, als wirklich in die Tiefe zu gehen.

Das macht den luftbetonten Menschen aus

- Männliches Element: Sohn des Feuers, aktiver Antreiber, Atem des Lebens
- Hohes Maß an Individualität, Freiheit ist lebenswichtig
- Steht für Kommunikation, neue Ideen, Leichtigkeit und geistige Flexibilität
- Wendet sich gern den leichten Dingen im Leben zu, die gleichzeitig den Geist nähren und ihn neue Erfahrungen machen lassen
- Vorwärtstreibende, belebende Energie
- Leichtigkeit kann zu Oberflächlichkeit führen und der Angst, eine feste und tiefe Bindung einzugehen (»Luftikus«)
- Mag keine Verbindlichkeit, Dichte oder Enge
- Verbreitet in Beziehungen Unbekümmertheit und schnelle Lösungen, wenn er einmal loswirbelt
- Luft trägt Wasser und Samen (Erde) über das Land und wird durch Feuer in Bewegung gebracht

Element Wasser: Gefühle, Bewegung, Intuition, Verbindung

Das Element Wasser steht für den Fluss im Leben, für Reinigung, Heilung, Intuition, Frische, Lebenselixier, Bewegung und vor allem tiefe Gefühle.

Die Wasserzeichen: Fische, Krebs, Skorpion

Ohne das Wasser gäbe es kein Leben und keine fruchtbare Erde auf der Welt. Das Wasser löscht das Feuer, wird von der Luft angetrieben und steht für einen tiefen Seelenzugang, Gefühle und das Spüren. Ein wasserbetonter Mensch fühlt sein Gegenüber. Es ist, als umspülte das Wasser alles, als nähme es auf und trüge fort, was andere Menschen empfinden. Deswegen wird dem wasserbetonten Menschen eine reinigende und heilende Wirkung auf andere zugeschrieben. Damit einhergehen können emotionale Schwankungen und Verstimmungen. Stell dir vor, wie Wasser über die Erde fließt: Es färbt sich kurzzeitig braun, weil es Teile der Erde oder, als wasserbetonte Person, der Emotionen anderer Menschen aufnimmt. Kein anderes Element kann sich so stark an seine Umgebung anpassen wie das Wasser; es fließt, bahnt sich einen Weg und zeigt eine starke Anpassungsfähigkeit und Flexibilität. Wenn ein Stein auftaucht, wird er umflossen, kein Problem, das Wasser stoppt deswegen nicht seinen Lauf. Wasserbetonte Menschen sind stark mit dem Mondzyklus und mit der Anziehungskraft der Erde verbunden. Sie sind zyklische Wesen, die wiederum auf natürliche Zyklen reagieren. Sie empfinden Unbehagen, wenn jemand seinen natürlichen Zyklus oder Lebensfluss ignoriert. Der wasserbetonte Mensch kann wie das Meer hohe Wellen schlagen, brausen und toben, aber auch ruhig und lautlos sein. Diese emotionale Welt des Wassers teilt der Mensch mit seiner Betonung: ein wellenartiges Leben, gebunden an natürliche Zyklen.

Wasserbetonte Menschen sind Allesversteher und Tränentröster, sie nehmen empathisch Anteil an allem. Wasser lässt sich aufgrund seiner Kraft von nichts aufhalten, es fließt unentwegt in Höhen und Tiefen und durchbricht Barrieren. Das feine und sanfte Gespür, das wasserbetonte Menschen für ihr Gegenüber haben, ist schon fast unheimlich, weswegen sie in der Lage sind, Menschen über größere Distanzen hinweg zu spüren und Fernbeziehungen einzugehen. Eine Verbindung mit einem Wassermenschen löst sich selten auf, denn das Wasser fließt zu 90 Prozent durch unseren Körper. Es sehnt sich nach dem Einswerden, nach dem Fließen ins Meer und der Verbindung mit allem, ohne Barrieren. Deshalb können

Wassermenschen bedingungslos lieben und sich einlassen, sie fließen einfach. Wasserbetonte Menschen konfrontieren das Gegenüber immer mit der eigenen Tiefe und Spiritualität und streben nach der ultimativen Verbindung, auch sexuell.

Wasserbetonte Menschen sind in Beziehungen absolute Problemlöser, sie wollen die Dinge wegspülen und auflösen. Gleichzeitig mögen sie beständige Flussläufe und können Dinge immer wieder tun, denselben Kreislauf durchlaufen wie das Wasser: Es fällt als Regen auf die Erde, fließt, verdunstet und fällt wieder als Regen. Jedoch dürfen diese Routinen andere Aspekte bekommen. Denn mal fällt der Regen sanft, mal stürmisch, mal prasselt er. So fühlt sich der wasserbetonte Mensch wohl, wenn neue Facetten der Emotion dazukommen und er Routinen erweitern darf.

Schattenthemen der Wasserbetonung

Die hohen emotionalen Wellen, die ein wasserbetonter Mensch erreichen kann und möchte, können nicht immer verstanden werden und sind nahezu unvorhersehbar für die Mitmenschen. Der andauernde Fluss dieser Menschen und der Wille, jedes Problem zu lösen, kann für das Gegenüber anstrengend werden, denn Wasser hört nicht auf, zu fragen oder Gefühle zu triggern. Dadurch, dass ein wasserbetonter Mensch von fremden Emotionen beeinflusst werden kann, ist es wichtig für ihn, sich davon zu reinigen. Oft fehlt wasserbetonten Menschen Klarheit und plötzliche Ausbrüche und hohe Wellen hängen mit der gesellschaftlichen Stimmung und aktuellen Energien zusammen, die er unbewusst aufnimmt.

Das macht den wasserbetonten Menschen aus

- Weibliches Element: Mutter, Nähren des Lebens
- Steht für Gefühle, Bewegung, Tiefe, Fruchtbarkeit
- Benötigt stetiges Fließen und strebt nach der ultimativen Verbindung mit dem Meer
- Ist verständnisvoll und empathisch, verlässt sich auf sein Gefühl
- Kann Stimmungsschwankungen haben und enorme emotionale Wellen durchleben

- Ist an den natürlichen Zyklus und an den Mond gebunden
- Ist extrem flexibel und anpassungsfähig an Leben und Räume
- Benötigt in Beziehungen ein Fundament, auf dem er fließen kann; mag ähnliche Abläufe
- Ist ein erfrischender Zeitgenosse, immer bereit, Probleme anzugehen und zu lösen

Tipp zur Nutzung der Betonung

Such dir als Erstes die Betonungen des Sonnenzeichens heraus. Das kennst du auch als dein Geburts- oder Sternzeichen. Setz dich mit dem Element auseinander, das dazugehört – es hat zu etwa 70 Prozent Einfluss auf deine Art, durchs Leben zu gehen, auf deine Persönlichkeit im Wachzustand. Sieh gezielt danach, welche Elementbetonung dein Partner, Kind, Freund, Kollege hat, dann wirst du bereits die ersten Erkenntnisse hinsichtlich dessen haben, warum zum Beispiel der eine wie ein Luftikus durchs Leben hüpft, während der andere den klassischen Lebensweg bevorzugt. Viel Freude damit!

FAHRSTUHLFAHRER

BAUCHGEFÜHL-MENSCH

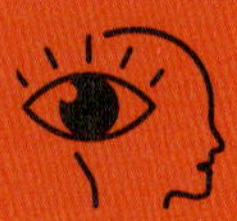

INSTINKTIVER

HERZEN-FOLGER

RICHTUNGSWEISER

REDENDER DENKER

ZYKLUSMENSCH

AUTORITÄT: ENTSCHEIDUNGEN TREFFEN

Wie trifft dein Gegenüber Entscheidungen?

Wahrscheinlich kennst du das: Da verschickt jemand im Affekt eine WhatsApp-Nachricht, die er hinterher am liebsten zurücknehmen würde. Das kann Menschen, die sich von ihren Emotionen leiten lassen, häufiger passieren. Dann gibt es die bedachten Faktensammler, die gefühlt ewig reden, bevor sie eine Entscheidung treffen. Und es gibt die Stillen, die sich in ihre Höhle zurückziehen und nach ein paar Tagen mit einer Lösung herauskommen. Sie alle kommen auf ihre Art zu einem Ergebnis.

Um zu verstehen, wie unser Gegenüber Entscheidungen trifft oder Problemlösungen angeht, hilft uns die sogenannte Autorität eines Menschen. Die Autorität ergibt sich aus einer spezifischen Kombination deiner persönlichen Aktivierungen im Bodygraphen und wird dir in allen Chartrechnern automatisch angezeigt. So kannst du zum Beispiel im Chart lesen: emotionale Autorität. Auf diese Weise kannst du einfach herausfinden, welche Autorität für dich oder dein Gegenüber gilt, und ihre Bedeutung nachlesen. In der vorderen Umschlagklappe dieses Buches und ab Seite 103 findest du dazu mehr.

Die Autorität ist die Instanz in uns, die uns Hinweise darauf gibt, wie wir richtige Entscheidungen für unser System und unseren Lebensweg treffen. Diese Instanz entscheidet nicht rational oder logisch erklärbar, sondern in einem tiefen körperlichen Prozess. Die Autorität wird auch als innerer Kompass eines Menschen bezeichnet. Es geht bei der inneren Autorität also darum, sie zu verstehen, zu fühlen und sie bei anderen wahrzunehmen und zu akzeptieren.

Es gibt insgesamt sieben verschiedene Wege im Human Design, also sieben Autoritäten, wie ein Mensch Entscheidungen treffen kann: emotional, sakral, Milz, Herz, Selbst, mental und lunar. In diesem Kapitel erhältst du jeweils eine Kurzbeschreibung dieser sieben Wege; du erfährst, wie sich die Autorität in Beziehungen zeigt und wie du dein Gegenüber aktiv dabei unterstützen kannst, auf seinen inneren Wegweiser zu hören. Zudem erfährst du, was du beachten darfst, um bei dir bleiben zu können.

In Beziehungen prallen oft verschiedene Entscheidungsmechanismen aufeinander. Es ist also hilfreich zu wissen, dass dein Partner oder Kollege beispielsweise Zeit für eine Entscheidung braucht, während du vielleicht sofort reagieren kannst. So kann man sich gegenseitig mehr Raum geben, um eine fundierte Entscheidung zu treffen.

Emotionale Autorität: Der Fahrstuhlfahrer

Hast du ein Gegenüber, das seine Entscheidungen auf emotionaler Ebene trifft, gilt für dich vor allem: Cool down and chill! Etwa 51 Prozent aller Menschen haben eine emotionale Autorität und fahren regelmäßig Fahrstuhl: Sie erleben ein Auf und Ab der Gefühle und gelangen irgendwann an einen Klarheitspunkt, sei es im Berufsleben, in der Partnerschaft oder privat. Die emotionale Welle darf rauschen, sollte dich aber nicht aus der Fassung bringen. Beobachte, nimm wahr, höre deinem Gegenüber zu, aber steige nicht zwingend in seinen Fahrstuhl der Gefühle ein. Mach dir bewusst, dass es zuweilen gut ist, jemanden allein Fahrstuhl fahren zu lassen, bis sein Punkt der Klarheit erreicht ist. Achte gut auf deine Grenzen, wenn dich jemand in seinen Fahrstuhl ziehen möchte. Du darfst jederzeit Nein sagen oder voller Begeisterung einsteigen – du musst aber nicht. Denke daran, dass dein Gegenüber abwägt und durchdenkt und in Extreme verfallen kann. Menschen mit einer emotionalen Autorität können nicht nur himmelhoch jauchzen, sondern auch sehr schwarzmalen. Sie sind in der Lage, das ganze Paket der Negativität oder gar Angst auszupacken, die eine Entscheidung mit sich bringen kann. Wichtig für dich als Gegenüber ist es, die Balance zu halten, ein bewusster Zuhörer zu sein und zu erkennen, wann der Fahrstuhl stehen bleibt. Mit einer bewussten Yogi-Haltung – cool, calm, collected – darfst du deinem Gegenüber kommunizieren, dass du das Gefühl hast, er sitze noch mitten im Fahrstuhl und sollte keine schwerwiegenden Entscheidungen treffen. Biete deine Sicht der Dinge von außen an, zwinge sie aber nicht auf, indem du beispielsweise fragst, ob dein Gegenüber deine Perspektive kennenlernen möchte.

Emotionale Autorität und Kommunikation

Menschen mit emotionaler Autorität kommunizieren immer im und mit Gefühl. Jedes Wort hat eine bestimmte emotionale Prägung, die begeistern und mitreißen kann, die aber auch ängstigen und beunruhigen kann. Dein Gegenüber braucht den emotionalen Ausdruck, um Energie freizusetzen (Emotion = Energy in Motion). Versuche, mit diesem Wissen deinem Gegenüber einen offenen Raum der Kommunikation zu ermöglichen, um seine Emotionen zu leben. Sätze wie »Fahr mal runter!« kommen bei einem Menschen mit emotionaler Autorität eher weniger an. Diese Menschen müssen ihre Energie freisetzen, meist eben im Tonfall der Emotion, die gerade vorherrscht. Das bedeutet für dich, klar festzulegen, welche Art der Kommunikation für *alle* okay ist – ein dauerhaft wütender Ton ist es vermutlich weniger. In jedem Fall sollte, trotz aller Emotion in der Kommunikation, immer Respekt, Augenhöhe und eine gewaltfreie Atmosphäre möglich sein. Möchtest du ein klärendes Gespräch mit deinem Gegenüber führen, achte darauf, dass es sich an einem Klarheitspunkt befindet, denn nur an diesem Punkt sind neutrale Kommunikation und echtes Zuhören möglich. Rechne aber damit, dass der Fahrstuhl nach dem Gespräch wieder losfährt. Das bedeutet zu akzeptieren, dass sich dein Gegenüber erst einmal zurückzieht und dir signalisiert, zu aufgewühlt, zu unruhig oder noch nicht sortiert genug für ein weiteres Gespräch zu sein.

Menschen mit emotionaler Autorität unterstützen

Das geht am besten durch Atmen. Neben deiner eigenen Yogi-Haltung und der Tatsache, dass du das Meer rauschen lassen kannst, ohne gleich darin unterzugehen, kannst du folgende Dinge für dein Gegenüber mit emotionaler Autorität tun:

- Gib ihm Zeit für Entscheidungen.
- Bau nicht Druck auf, indem du *sofort* eine Entscheidung verlangst, wenn sie nicht lebenswichtig ist.
- Akzeptiere, dass sich die Meinung deines Gegenübers einige Male ändern kann, bis es zur finalen Klarheit kommt.
- Erinnere dich daran, dass es gut ist, gewissermaßen erst einmal auf den Geschmack zu kommen; schubse dein Gegenüber sanft in die Richtung, wie sich beispielsweise ein Wohnortwechsel anfühlt, *bevor* die Entscheidung aus der Emotion heraus getroffen wird.
- Nimm die Emotionen deines Gegenübers nicht persönlich, lass es die Emotionen durchleben, durch die es durchmuss.
- Verurteile seine Emotionen nicht, trockne Tränen, lass die Person wüten oder schick sie zum Schreien in den Wald.
- Akzeptiere, wenn dein Gegenüber Zeit braucht, um in die Klarheit zu finden; das ist keine Ablehnung deiner Person.

- Nutze den Antrieb der emotionalen Welle, wenn er dir guttut, und spring auf den Zug der Begeisterung auf, wenn du einen Schub brauchst.
- Setze klare Grenzen, wenn aus der Emotion heraus Streitgespräche begonnen werden, die kein klares Fundament haben, und vertage das Gespräch.
- Zeige ein klares Stoppschild, wenn die durch Emotionen angetriebene Kommunikation übergriffig wird.

Das sprichwörtliche Pulverfass: Schattenseiten der emotionalen Autorität

Sei dir gewahr, dass nicht jeder Mensch emotionales Bewusstsein hat, seine Emotionen beobachten und benennen oder für sie Verantwortung übernehmen kann. Die Kraft der Emotion ist ein enorm starker Antrieb, der oft dazu führt, dass Dinge gesagt oder getan werden, die dich als Gegenüber stark triggern. Menschen mit emotionaler Autorität können im Fahrstuhl häufig nicht aus ihrer Haut. Hier sind Geduld gefragt und Abwarten, ein liebevolles, aber selbstfürsorgliches Beobachten des Gegenübers.

Was kannst du sonst noch tun? Offene Kommunikation üben: Dein Gegenüber fragen, wie es sich fühlt und gefühlt hat und welches eigentliche Bedürfnis hinter seiner Emotion steckt. Wenn das partout nicht geht, übe dich in deiner Yogi-Haltung, sodass dich die emotionalen Fahrstühle der anderen nicht zu stark beeinflussen oder gar umwerfen. Menschen mit emotionaler Autorität sind da, um Dinge in Bewegung zu bringen; wenn du also merkst, dass dich das triggert, sieh zunächst bei dir nach, warum das so ist. Nagt es am Selbstwert, spürst du Druck und Stress oder das Gefühl, es jemandem recht machen zu müssen? Übe dich in Reflexion und gegebenenfalls in Abgrenzung, wenn ein gemeinsames Gespräch nicht möglich ist. Ein Pulverfass darf explodieren – aber bitte so, dass du dich in sicherem Abstand dazu befindest und dich die Splitter nicht treffen.

Die besten Vorgesetzten sind die, die ihre emotionale Welle beobachten können und bei Notwendigkeit ein Schild an ihre Tür hängen: »Surfe gerade – bitte nicht stören.«

Sakrale Autorität – der Bauchgefühlsmensch

Nach der emotionalen ist die sakrale Autorität die zweithäufigste – rund 25 Prozent aller Menschen haben sie. Wenn dein Gegenüber Entscheidungen mit einer sakralen Autorität trifft, hast du einen Bauchentscheider und Bauchgefühlsmenschen vor dir. Die sakrale Autorität ist ein mechanischer Vorgang im Körper, eine Reaktion auf das, was wir entscheiden sollen. Diese Autorität zeigt sich in einer Bauchstimme, die sehr eindeutig sagt: »Ja, ja, ja!« – oder: »Nein, nein, nein.« Diese Bauchstimme meldet sich klar und deutlich fünf Sekunden lang nach der Konfrontation mit einer Einladung oder Entscheidungsaufforderung. Danach ebbt die innere Stimme ab und wird meist von vielen Gedanken oder Emotionen überlagert. Die innere Stimme ist *nicht* die argumentative Abwägung von Fakten bezüglich der Entscheidung, das wäre dein Verstand. Die innere sakrale Stimme ist das erste körperliche Gefühl, das sich bei deinem Gegenüber binnen Sekunden einstellt. Dieses kann sich in einem Grummeln, in direkter Zustimmung oder in der Körpersprache äußern, zum Beispiel wenn das Gegenüber auf- oder zumacht.

Sakrale Autorität und Kommunikation

Menschen mit sakraler Autorität kommunizieren fast immer mit dem Körper, auch wenn sie es nicht bemerken. Ihre Entscheidungsfindung oder Reaktion ist wie bereits erwähnt ein mechanischer Vorgang im Körper. Bei einer sakralen Autorität ist die Kommunikation einer Entscheidung sehr klar. Wird ein Ja schwammig kommuniziert oder die Aussage passt nicht zur Körpersprache, handelt dein Gegenüber vermutlich nicht im Einklang mit seiner Körpermechanik. Für alle Menschen mit sakraler Autorität gilt: Wenn es kein klares Ja ist, ist es ein Nein! Die Kommunikation mit sakraler Autorität kann folgendermaßen ablaufen:

- Du bekommst sofort ein begeistertes Ja oder ein deutliches Nein.
- Dein Gegenüber hat ein Gefühl im Bauch oder Magen, das es als Aufregung (Ja) oder Unruhe (Nein) beschreibt.
- Dein Gegenüber hat den Drang, einen Schritt nach vorn (Ja) oder zurück (Nein) zu gehen.
- Dein Gegenüber grummelt oder grunzt (oft Kinder): »Hmmm« (Ja) oder »Mhmhmh« (Nein).
- Dein Gegenüber hat das Gefühl, eine Frage an ihn mobilisiere seinen Körper, und es möchte die Energie sofort einsetzen (meist ein Ja).

Menschen mit sakraler Autorität unterstützen

Beobachte dein Gegenüber in den ersten Momenten, nachdem es mit einer Idee oder einer Frage konfrontiert wurde. Oft ist die klarste Entscheidung in den ersten fünf bis zehn Sekunden wahrnehmbar.

- Beobachte das Körperbarometer der Person und wie sie sich verhält.
- Reflektiert gemeinsam euer beider Wahrnehmung.
- Stell deinem Gegenüber Ja-Nein-Fragen, dann kann es direkt auf sein Bauchgefühl hören. Zum Beispiel: »Hat sich die Probefahrt gut angefühlt?«
- Nimm die Erstreaktion deines Gegenübers ernst und rede sie nicht klein mit den Worten »Wir schlafen da mal drüber, dann ist alles anders«.
- Bestärke dein Gegenüber darin, auf sein Körpergefühl zu hören, auch wenn das völlig rationalen Entscheidungen widersprechen mag.
- Bremse dein Gegenüber ein, wenn du merkst, dass es nicht aus Freude, sondern aus Verpflichtung, falscher Loyalität oder einer heftigen Emotion heraus handelt.
- Ist dein Gegenüber im Ja-Modus, lass die Energie sich entfalten und denjenigen losrennen, damit keine Energie stecken bleibt.
- Verbinde dich regelmäßig mit deinem Gegenüber, um herauszufinden, ob es seine frühere Entscheidung noch nährt. (Diese Entscheidung kann und darf sich ändern, niemand muss sich ein Leben lang verpflichten!)
- Zwinge und dränge nicht, das eigene Gefühl zu übergehen, übe dich in Akzeptanz, auch wenn du merkst, dass dir eine andere Entscheidung besser »schmecken« würde.

Burn-out, Bore-out: Schattenseiten der sakralen Autorität

Das größte Schattenthema für Menschen mit sakraler Autorität ist, dass sie sich übergehen und kein Gefühl für ihre Bauchstimme haben. Was passiert also, wenn dein Gegenüber einfach Ja sagt, ohne zu wissen, ob es für die Person richtig ist oder weil sie vielleicht gefallen möchte? Was passiert mit einem Auto, das keinen Sprit mehr hat? Es bleibt stehen, weil der Motor – das System – Nein sagt. Selbst wenn der Motor kurz anspringt, wird er vor sich hin ruckeln, bis er irgendwann doch ausgeht. 100 Stundenkilometer sind in diesem Zustand nicht drin, ebenso wenig wie Freude am Fahren. Der Motor wird auf Dauer kaputtgehen, weil kein Benzin – Freude an der Sache – vorhanden ist. Kurz: Ein Ja aus falschen Beweggründen, also obwohl die innere Stimme Nein sagt, geht immer auf Kosten der Lebensenergie und Freude. Dein Gegenüber manövriert sich in eine dauerhafte Überforderung und schwimmt gegen den Strom, was es im Alltag müde macht. Wenn wir aus falschen Beweggründen (falsch verstandene Loyalität, Druck, Pflichtgefühl) Ja sagen, ist von vornherein keine freudige Energie gegeben und es wird deinem Gegenüber schwerfallen, diesen Prozess bis zum Ende zu tragen. Dabei entstehender Frust entlädt sich dann bei den umstehenden Personen. Wichtig für dich als Gegenüber: Zwinge niemanden zu Entscheidungen, die *dir* gefallen oder die für *dich* einfach sind (gerade als Eltern oder als Partner). Gib dem Gegenüber Raum, sich zu erforschen und sich mit sich zu verbinden.

Milz-Autorität: Der Instinktive

Hast du ein Gegenüber mit einer Milz-Autorität, hast du einen ausgesprochen instinktiven Menschen an deiner Seite. Die Milz-Autorität ist unsere Intuition, unser Urinstinkt, der sich blitzschnell meldet und uns im richtigen Moment Wichtiges zuflüstert. Verglichen mit anderen Autoritäten ist die Milz-Autorität sehr leise. Stell sie dir wie einen Bewegungsmelder vor, der kurz das Licht anmacht und gleich wieder ausgehen lässt. Die Milz-Autorität ist direkt mit unseren animalischen Instinkten gekoppelt. Es geht also ums »Überleben«, um Sicherheit. Die Milz entscheidet blitzschnell, ob wir sicher sind, ob Gefahr droht, ob wir uns an einem Ort wohlfühlen, ob wir einen Menschen meiden sollten. Sie gibt uns ein klares Ja oder Nein, allerdings viel leiser als die sakrale Autorität und ohne erkennbaren Bewegungsdrang im Nachklang. Die Milz-Autorität ist eher Zünder für Emotionen wie Wut, Angst, Freude, Euphorie oder Neugier. Sie meldet sich nur spürbar in den ersten drei Sekunden und nur dann, wenn ihr Hinweis für uns wichtig ist. Sie funktioniert wie ein Sicherheitskompass.

Milz-Autorität und Kommunikation

Menschen mit einer Milz-Autorität können auf vielerlei Weise kommunizieren. Diese Entscheidungsautorität flammt allerdings nur kurz auf. Du kannst bei deinem Gegenüber auf folgende Kommunikationshinweise des Körpers und Aussagen achten, um die Milz-Autorität wahrzunehmen:

- Aufleuchten in den Augen
- Schaudern des Körpers oder Gänsehaut
- Tiefes Durchatmen und ein Gefühl von Ankommen und Sichersein
- Muskuläre Entspannung
- Sofortige Verbindung mit dir oder einem anderen Menschen
- Kurzes Aufflackern von Angst und Schreck in den Augen
- Das Gefühl, den Ausgang zu lokalisieren, um weglaufen zu können (Sicherheitsbedürfnis)
- Sätze wie »Ich wusste es einfach, als ich ihn gesehen habe«
- »Das hat sich sofort richtig angefühlt«
- »Etwas in mir hat mir gesagt, ich soll den anderen Weg nehmen«
- »Kurz bevor Oma angerufen hat, habe ich an sie gedacht«

Menschen mit Milz-Autorität unterstützen

Da die Milz-Autorität so unheimlich fein und leise ist, hilfst du deinem Gegenüber, wenn du seinen Instinkten vertraust und diese nicht kleinredest. Wenn dein Partner beispielsweise das Gefühl hat, dass ihr heute nicht Auto fahren, sondern lieber den Zug nehmen solltet, dann vertraue auf diese innere Stimme, die euch womöglich vor einem Stau oder Unfall bewahrt. Du kannst dein Gegenüber mit Milz-Autorität unterstützen, indem du:

- mit ihm gemeinsam herausfindest, wie sich die Milz zeigt (als Gefühl, Kribbeln, Eingebung, leiser Satz, Kommunikation über die Augen et cetera),
- seine Instinkte nicht kleinredest oder versuchst, sie mit dem Verstand zu erklären,
- zuhörst, wenn dein Gegenüber leise äußert, dass etwas nicht stimmt,
- nach dem Bedürfnis fragst, wenn sich die Milz zeigt, zum Beispiel: »Was brauchst du jetzt?«

Unsicherheit und Abhängigkeit: Schattenseiten der Milz-Autorität

Menschen mit Milz-Autorität bringen zwei Schattenthemen mit, auf die du als Gegenüber achten kannst. Die Milz wird heute oft nicht gehört, da wir von Reizen, Medien und anderen Einflüssen umgeben sind und alles um uns herum wahnsinnig laut ist. So ist die innere Stimme gewissermaßen stumm geschaltet – was dazu führt, dass sie nicht mehr bewusst wahrgenommen wird. Und das wiederum kann dazu führen, dass Entscheidungen nicht nach Körperweisheit, sondern rational getroffen werden. Oft fühlen sich Menschen mit Milz-Autorität nach einer Entscheidung schlecht oder sie ändern ihre Meinung mehrfach, weil sie die tatsächliche Antwort nicht kennen.

Das andere Schattenthema ist ein übertriebenes Sicherheitsbedürfnis: Die Milz-Autorität neigt dazu, sich sicher fühlen zu wollen, was zu Abhängigkeit von Orten und Menschen führen kann. Konfrontiert man einen Menschen mit Milz-Autorität mit Veränderung und Neuem, kann sich die Milz sehr lebhaft melden und einen dauerhaften Alarmzustand ausrufen. Wichtig zu wissen ist hier, dass man sich selbst Sicherheit geben kann, wenn die Milz übersprudelt. Als Gegenüber kannst du darauf achten, dass die Person nicht mit zu vielen Dingen auf einmal konfrontiert wird, wenn du aufkeimende Unsicherheit bemerkst.

Herz-Autorität: Der dem Herzen folgt

Wenn du einen Menschen in deinem Umfeld hast, der eine Herz-Autorität besitzt, hast du ein Gegenüber, das akribisch und ehrgeizig seinen Herzenswünschen folgt. Diese Autorität folgt keiner Mechanik, sondern einem inneren warmen Gefühl, dem Gefühl der Liebe auf den ersten Blick. Menschen mit Herz-Autorität wissen, was für sie richtig ist, und sind mit vollem Herzen und voller Kraft dabei. Oder sie entscheiden sich gegen eine Sache und kehren nie zurück. Sie entwickeln enorme Kräfte und einen eisernen Willen, um ihrer Herzstimme und diesem erfüllenden Gefühl zu folgen. Die Entscheidung für eine Sache wird aus dem Herzen heraus getroffen und geht mit einer starken Anziehung zu dem betreffenden Menschen oder der betreffenden Entscheidung einher.

Herz-Autorität und Kommunikation

Da die Herz-Autorität keine mechanische Autorität ist, kann sie sich auf verschiedene Weise zeigen. Dein Gegenüber kann folgendermaßen kommunizieren, wenn es seine Herzensentscheidungen trifft:

- Starke Anziehung zu einer Sache oder Person
- Absolute Ablehnung einer Sache oder Person
- Herzklopfen beim »richtigen« Menschen oder der richtigen Entscheidung
- Gesteigerte Durchblutung bei einem Ja (rot werden)
- Kribbeln und ein warmes Gefühl im Körper

- Von einer warmen Energie durchströmt werden
- Kompromissloses Erreichenwollen eines Ziels, einer Person
- Entscheidung für oder gegen eine Sache oder einen Menschen, ohne die Entscheidung je zu revidieren

Menschen mit Herz-Autorität unterstützen

Mach dir bewusst, dass der Herzenswunsch über allem steht, auch über dir als Partner, Elternteil oder Kollege. Das ist in dem Fall keine Ichbezogenheit oder Ablehnung, es ist die tiefe innere Kraft, die diese Menschen antreibt. Ein Mensch mit Herz-Autorität wird beispielsweise einen bestimmten Partner wählen, sogar wenn dieser nicht in das gesellschaftliche Bild passt. Der Weg seines Herzens steht über allem und jedem. Unterstützen kannst du einen Menschen mit Herz-Autorität, indem du darauf achtest, was diesen Menschen zum Strahlen bringt – auch wenn das ein neuer Partner sein sollte oder die Entscheidung gegen dich. Es ist nichts wichtiger im Leben dieser Menschen, als zu strahlen. Das darfst du, natürlich immer unter der Wahrung deiner Grenzen und Werte, akzeptieren lernen. Du darfst das Gespräch mit einer Herz-Person suchen, wenn du merkst, dass sich dauerhafte Traurigkeit in ihrem Leben einstellt und der Herzensweg nicht gegangen werden kann.

Unterordnung, Herzschmerz, Kompromisslosigkeit: Schattenseiten der Herz-Autorität

Die Schattenthemen von Menschen mit Herz-Autorität sind vielfältig. Sie können auf andere oft wirken, als gingen sie rigoros und kompromisslos ihren Weg, ohne Rücksicht auf Verluste. Im Extremfall kann das, gepaart mit eisernem Willen, in eine egozentrierte Persönlichkeit münden, die die Empathie für das eigene Umfeld verliert, weil der eigene Drang so stark ist. Das passiert aber meist unbewusst. Wenn Menschen mit Herz-Autorität also übergriffig agieren oder die Grenzen anderer verletzen, darf man sie gern darauf aufmerksam machen, dass wir friedlich koexistieren wollen.

Das andere Extrem ist die Unterordnung des eigenen Herzenswunschs. Ein Mensch, der seine Herz-Autorität ignoriert, schafft eine dauerhafte Unordnung im Leben, er hat keine Richtung und trägt einen inneren Kampf zwischen Herz und Kopf aus. Oftmals leiden diese Menschen buchstäblich und körperlich an »Herzdrücken«, wenn der Alltag sie zwingt, ihren Herzenswunsch zu ignorieren. Sie können resignieren und Trauer ausstrahlen, weil ihr Herz förmlich

»blutet«. Als Gegenüber kannst du versuchen, den Herzenswunsch durch Gespräche sichtbar zu machen und dem Herz einen Weg zu zeigen, den es gehen kann.

Selbst-Autorität: Der Richtungsweiser

Wenn dein Gegenüber eine Selbst-Autorität hat, trifft es Entscheidungen, indem es darüber spricht. Diese Entscheidungsfindung benötigt Zeit, denn es geht um Wahrnehmung und Abwägung der eigenen Haltung zu einem Thema oder einer Person. Beim Sprechen reflektiert diese Person Argumente und bringt sie mit der eigenen inneren Ausrichtung zusammen, so lange, bis sich ein Ergebnis einstellt, das sich gut anfühlt. Dein Gegenüber benötigt also Raum zum Sprechen – aber weniger, um einen Rat zu bekommen, sondern um den Entscheidungsprozess in Gang zu setzen.

Selbst-Autorität und Kommunikation

Eine Person mit einer Selbst-Autorität kommuniziert vorrangig über das Sprechen. Du kannst als Gegenüber auf folgende Dinge achten, um den Prozess zu stärken und eventuell zu reflektieren:

- Fällt es der Person leicht zu sprechen oder hat sie einen Kloß im Hals?
- Ist die Stimme klar und deutlich (Zeichen für Klarheit) oder eher leise und zurückhaltend?
- Stockt der Wortfluss oder findet die Person gleich die richtigen Worte?
- Hat die Person ein beklemmendes Gefühl im Brustkorb (Zeichen für Enge und Unklarheit)?
- Ist der Atem ruhig und gleichbleibend entspannt?

Menschen mit Selbst-Autorität unterstützen

Menschen mit Selbst-Autorität kannst du am besten unterstützen, indem du ihnen zuhörst und Raum zum Sprechen gibst. Es geht für dich als Gegenüber nicht darum, zu antworten oder die Entscheidung zu beeinflussen. Du bist eine Projektionsfläche, die gezielt Fragen stellen kann und so zur Entscheidungsfindung beiträgt. Dein Gegenüber muss das Gefühl bekommen, dass du alle Aussagen akzeptierst, ohne sie zu bewerten, und es durch den Prozess fühlen lässt.

Wenn eine klare Entscheidung gefunden ist, schenkt sie ihm Freiraum beim Sprechen und im Brustkorb. Stelle unterstützend folgende Fragen:

- Wie fühlt es sich an, wenn X oder Y eintritt?
- Was sind deine Pro-Argumente?
- Was hält dich davon ab, es zu versuchen?
- Wie blickst du in zwei Jahren auf die Entscheidung?
- Was würdest du tun, wenn es keine Hürde gäbe?
- Welche Angst hast du bei der Entscheidung?

Zerdenken und nicht sprechen: Schattenseiten der Selbst-Autorität

Das Schattenthema dieser Autorität ist das Zerdenken einer Sache. Bei der Autorität geht es maßgeblich um die innere Haltung im Brustkorb (dem Selbst-Bereich) und die Reflexion dieses Gefühls durch das Sprechen. Ein Sprechen aus dem Verstand führt meist in eine Enge, die sich im Brustraum bemerkbar macht. Menschen mit Selbst-Autorität neigen dazu, sich durch das jeweilige Gegenüber leicht beeinflussen oder manipulieren zu lassen; umso wichtiger ist es, dass der Gesprächspartner eine absolut neutrale Haltung einnimmt und einfach da ist. Das andere Extrem ist die Angst vor dem Sprechen, die eigentlich Angst vor Ablehnung ist und davor, den Fühlprozess in Gang zu setzen. Oft wollen Menschen mit Selbst-Autorität die Dinge aus der Logik heraus steuern und die innere Welt nicht zu Wort kommen lassen. Verschlossenheit kann die Folge sein, weil die Person im Prozess alles mit sich allein ausmachen möchte. Du kannst als Gegenüber die richtigen Fragen stellen (siehe oben) und hoffen, dass du gehört wirst.

Mentale Autorität: Der Redner und Denker

Die mentale Autorität ähnelt der Selbst-Autorität, mit dem wichtigen Zusatz, dass hier tatsächlich der Kopf agiert und reagiert, sogar und gerade in der Körpersprache. Ein Mensch mit einer mentalen Autorität entscheidet während eines längeren Reflexionsprozesses ebenfalls über das Sprechen. Sie sind die Denker, die langsam sprechen, um dabei den eigenen Gedanken folgen zu können. Diese Person bezieht im Fühlprozess und in ihrer Entscheidungsfindung allerdings Elemente wie Gerüche, Träume, Gedanken oder Impulse anderer mit ein. Auch hier gilt: Du als Gegenüber bist ein Neutrum, das einfach *sein* darf. Durch die bloße Präsenz deiner Energie hilfst du deinem Gegenüber im Entscheidungsfindungsprozess.

Mentale Autorität und Kommunikation

Menschen mit mentaler Autorität kommunizieren über das Sprechen und über Geräusche. Du kannst in der Kommunikation auf folgende Dinge achten:

- Fällt es ihm leicht, darüber zu sprechen, oder hat das Gegenüber einen Kloß im Hals?
- Ist die Stimme klar und deutlich?
- Stockt der Wortfluss oder gibt es klare Aussagen (die oft triggern können)?
- Nickt dein Gegenüber oder bewegt es seinen Kopf hin und her?
- Ist Klarheit da oder herrscht Nebel im Kopf, wenn es um diese Sache geht?
- Kommen die richtigen Worte heraus oder stottert dein Gegenüber?
- Gibt es unterstützende Körpergeräusche wie »Hmmm, Ähhmmm« oder Schmunzeln, Grunzen oder Lächeln beim Sprechen?
- Stellt sich beim Sprechen eine kindliche Leichtigkeit ein?
- Erscheint das Gespräch wahrhaftig oder eher wie ein zerdachtes Konstrukt?

Menschen mit mentaler Autorität unterstützen

Das kannst Menschen mit einer mentalen Autorität in erster Linie dadurch unterstützen, indem du ihnen Raum zum Reden gibst und alles, was gesagt wird, wertungsfrei und bedingungslos stehen lässt. Es stellt sicherlich eine Herausforderung dar, diese neutrale Haltung einzunehmen, damit dein Gegenüber Zugang zu seinen Empfindungen und Wahrnehmungen erhält. Du darfst hier aktiv an deinem inneren Kind arbeiten und deine eigenen Trigger beiseiteschieben, wenn du deinem Gegenüber ein guter Gesprächspartner sein möchtest. Dränge dein

Gegenüber nicht zu schnellen Entscheidungen, sondern gib der Person Zeit und lass sie an deinem Prozess teilhaben, wenn ihr gemeinsam Entscheidungen treffen müsst. Akzeptiere ihre ruhige und beobachtende Rolle, bis Klarheit eingetreten ist.

Gedankenkarussell: Schattenseiten der mentalen Autorität

Die mentale Autorität glaubt, alles aus dem Verstand heraus entscheiden sowie endlos abwägen und argumentieren zu müssen. Ein Gedankenkarussell ist aber keine Autorität. Die mentale Autorität ist eine höhere Weisheit in deinem Gegenüber. Achtung: Ist der Verstand sehr konditioniert, kann es meiner Erfahrung nach helfen, dass sich dein Gegenüber entspannt und mit geschlossenen Augen über seine Empfindungen und Wahrnehmungen spricht. Das andere Extrem ist auch hier die Angst vor dem freien Sprechen, weil man das Gefühl hat, die eigenen Emotionen und Empfindungen seien zu unbequem für andere. Ermutige dein Gegenüber dazu, diese Dinge auszusprechen. Und übe dich in der Haltung des neutralen Zuhörers.

Lunare Autorität: Der Zyklusmensch

Wenn dein Gegenüber eine lunare Autorität hat, hast du es mit einem Menschen zu tun, der zyklisch funktioniert und eng mit der Natur verbunden ist.

Diese Autorität ist dem Reflektor vorbehalten: Die betreffende Person nimmt ihre Entscheidung mit in den Mondzyklus von 29 Tagen und beobachtet in dieser Zeit mit wachen Sinnen, wie sich ihr Blick auf die Sache verändert. Nach diesem Prozess hat der Reflektor so gut wie alle Aspekte beleuchtet und durchdacht. Er hat sie gefühlt und bewegt, durch die Energie, die ihn antreibt. Er hat sie anderen mitgeteilt, um eine Projektion zu erhalten. Dieses weise Eintauchen und Abwarten ermöglicht es ihm, völlige Klarheit darüber zu erlangen, wer er in dieser Sache ist und wie er handeln möchte. Er kann jetzt eine wirklich reflektierte Entscheidung treffen, die zum Besten seines Wesens ist. Ich sage gern: Er hat den Sack der Weisheit gefüllt, aus dem die Essenz – die Entscheidung – entsteht.

Lunare Autorität und Kommunikation

Mit einer lunaren Autorität kann dieser Mensch vielfältig kommunizieren. Wichtig ist, dass du diese Kommunikation wertungsfrei stehen lässt, wenn du merkst, dass die Entscheidung noch im Prozess ist. Du kannst beobachten:

- welche Emotionen und Körperhaltungen sich in diesem Zyklus zeigen,
- welche Aussagen und Gedanken dir mitgeteilt werden,
- welche Aussagen sich im Prozess häufen und stabilisieren.

Menschen mit lunarer Autorität unterstützen

Bitte achte darauf, dass du diesen Prozess wertungsfrei durchläufst und die verschiedenen Sichtweisen und Richtungswechsel deines Gegenübers nicht als »unstet« betrachtest. Die Person ist ein Sammler mit einem großen Weisheitssack und wirft jeden Tag eine andere Komponente in diesen Sack hinein. Am Ende wird dir und deinem Gegenüber klar werden, welche große Überschrift der Sack trägt. Du kannst folgendermaßen unterstützen:

- Rede die kommunizierten Dinge nicht klein.
- Habe Geduld und dränge nicht auf eine Entscheidung, wenn sie nicht sofort notwendig ist.
- Gib dem Gegenüber Raum (Freiraum in der Energie).
- Teile deine Impulse zur Entscheidung mit der Person, ohne zu lenken oder zu manipulieren.
- Animiere die Person dazu, Tagebuch zu schreiben, um Klarheit zu erlangen.

Manipulation: Schattenseiten der lunaren Autorität

Menschen mit lunarer Autorität lassen sich oft drängen oder von ihrer inneren Zyklus-Weisheit ablenken, wenn eine schnelle Entscheidung gefordert wird oder andere Druck machen. Eine unbewusste Manipulation findet häufig durch umgebende Personen statt, sodass man die Entscheidung nicht zu Ende denken kann. Die Klarheit tritt meist erst ein, wenn man Zeit mit sich allein verbringt, ohne die vielen Stimmen der anderen. Das darf sich dein Gegenüber mit einer lunaren Autorität auch zugestehen.

PROFILE:
ROLLEN IM LEBEN

Welche Rollen spielt dein Gegenüber im Leben?

Die Human Design Profile geben uns Einblick in die Rollen, die jeder Mensch im Leben übernimmt. Wir erhalten durch unsere individuelle Genetik, die Epigenetik – den Einfluss der Umwelt auf unsere Gene – sowie die astrologische Prägung sogenannte Rollenenergien, die uns helfen, durchs Leben zu gehen. Die Profile im Human Design zeigen uns, welche Rollen unser Gegenüber und wir im Leben spielen und welche Bedürfnisse daraus für Berufswelt, Elternschaft und andere Beziehungen erwachsen. In meinem Grundlagenbuch gehe ich intensiv auf die Eigenschaften der Profile und die Linien dahinter ein. In diesem Buch erhältst du eine ergänzende und eher humorvolle Übersicht darüber, was das jeweilige Profil in Beziehungen braucht und worauf du achten darfst.

Zu jedem Profil habe ich eine Assoziation zum besseren Einfühlen hinzugefügt, in Form einer Figur aus Film oder Literatur oder einer historischen Persönlichkeit. Ich mit einem 5/1er-Profil wäre in diesem Fall Batman.

Human-Design-Profile im Überblick

Neben den Typen finden wir im Human Design sechs Linien, die aus dem I Ging stammen und uns verraten, wie wir eine Eigenschaft ausleben. Zudem bilden sie unser Profil, das sich wie im folgenden Beispiel zusammensetzt:

- Aus der Linie in der bewussten Sonne – rechts
  (zum Beispiel Tor 58.5 = Linie 5)
- Aus der Linie in der unbewussten Sonne – links
  (zum Beispiel Tor 48.2 = Linie 2)

So ergibt sich das Profil 5/2, der »Geist aus der Lampe« (siehe Seite 132).

Das Profil kannst du mithilfe der Human-Design-App (siehe Anhang) bestimmen oder in der Abbildung auf der vorderen Umschlagseite ablesen.

Profil 1/3 in Beziehungen

Mit dem Profil 1/3 durchläuft man sein gesamtes Leben lang einen inneren Prozess der Wahrheitssuche. Die Linie 1 im Profil steht für die Rolle des Forschers und Lehrers, der sich gern ein tiefes Fundament an Wissen aufbaut und sehr viel Sicherheit und Stabilität in der Wissensaneignung sucht und im Leben benötigt. Die 3er-Linie im Profil steht für die Rolle des Abenteurers, der durch Trial and Error, Hinfallen und Aufstehen, Erfahrungen im Leben macht, sammelt und weitergibt. Das 1/3er-Profil benötigt in Beziehungen:

- Stabilität und Sicherheit,
- ein geschütztes Nest, eine Höhle,
- Vertrauen (kann Loyalität hinterfragen),
- tiefe Gespräche und Antworten auf alle Fragen,
- offene Arme, wenn die 3er-Linie von ihrem Abenteuer zurückkehrt und reflektieren möchte,
- Raum, sich zurückziehen und forschen zu dürfen,
- jemanden, der ihn uneingeschränkt scheitern und fliegen lässt und das als Teil seines Wesens anerkennt,
- die Akzeptanz des Gegenübers, dass sich der Lebensweg öfter ändern kann,
- die Möglichkeit, Erfahrungen und Erkenntnisse auszusprechen und mit anderen zu teilen.

Wichtig für dieses Profil

Durch den Drang nach Sicherheit und Vertrauen kann das 1/3-Profil manchmal etwas undurchdringlich wirken und prüft häufig die Loyalität der Menschen in seinem näheren Umfeld. Erst wenn Sicherheit gegeben ist, kann sich der Abenteurer entfalten und kehrt nach seinen Ausflügen wieder in den sicheren Hafen zurück.

Assoziation: Harry Potter aus den gleichnamigen Romanen von J. K. Rowling; Luke Skywalker aus George Lucas' *Krieg der Sterne*

Profil 1/4 in Beziehungen

Das 1/4er-Profil bringt die Rolle des Forschers und Lehrers mit der Rolle eines Netzwerkers zusammen. Dieses Profil ist sehr harmonisch und familiär geprägt und zeigt deutlich, dass man hier ist, um innerhalb seines Netzwerks Wissen an andere weiterzugeben, die Familie um sich zu scharen und ihr Mittelpunkt zu sein. Das Talent, die Dinge im eigenen Kreis zu erhalten und diesen zu hegen, ist hier außerordentlich stark ausgeprägt. Viele Menschen bauen gern eine Verbindung zum 1/4er-Profil auf, weil sie sich bei ihm gesehen und gut aufgehoben fühlen und das hohe Maß an Wissen und Erfahrung schätzen. Das 1/4er-Profil benötigt in Beziehungen:

- Tiefgang, Stabilität, Gespräche, Kommunikation,
- Wertschätzung und Anerkennung für das Zusammenhalten der Familie, des Teams et cetera,
- Vertrauen, eine »gemütliche« Atmosphäre, Raum zum Forschen, Öffnen und Sich-Mitteilen,
- absolute Loyalität, Vertrauensbrüche wiegen schwer,
- Vertrauens- und Liebesbeweise (Küsse, Geschenke, Worte),
- regelmäßigen Austausch und Vernetzung mit Freunden, Familie, Kollegen,
- die sanfte Oberhand zu haben, den engen Kreis zu steuern.

Wichtig für dieses Profil

Das Profil 1/4 neigt dazu, sich für andere aufzuopfern, es vergisst sich manchmal selbst. Die 1er-Linie denkt oft, sie sei noch nicht bereit oder gut genug; bestärke sie, wenn du das Gefühl hast, dass das gebraucht wird. 1/4er sind Herzmenschen, sie benötigen viel Wärme in ihrer Umgebung und können diese jederzeit geben. Betrügt man sie einmal, gibt es keinen Weg zurück.

Assoziation: Dumbledore, Schulleiter und Vaterfigur für Harry Potter aus der gleichnamigen Romanreihe von J. K. Rowling; Albert Einstein, bedeutendster Physiker der Wissenschaftsgeschichte

Profil 2/4 in Beziehungen

Das 2/4er-Profil vereint die Linie 2 des Naturtalents und Einsiedlers mit der Linie 4 des Netzwerkers und Herzmenschen. Mit diesem Rollenprofil hat man ständig mit der Frage zu kämpfen, ob es allein oder mit den Liebsten um sich herum schöner ist. Die größte Herausforderung für diesen Menschen besteht in der Balance zwischen Rückzug und Aufenthalt in der gemütlichen Wohnküche, um von und mit Menschen zu lernen. 2/4er-Profile sind Menschen, die sich dem Leben hingeben und dabei gut darauf achten dürfen, dass sie nicht ausschließlich geben. Sie erfüllen andere mit Herzenswärme und benötigen in Beziehungen:

- eine liebende Gemeinschaft,
- Raum und Verständnis, wenn sie sich zurückziehen (eventuell verschiedene Wohnbereiche, Einzel- und Gemeinschaftsraum),
- Akzeptanz des Bedürfnisses nach Alleinsein,
- Vertrauen und einen langsamen Start in Beziehungen,
- Stärkung der eigenen Talente und Fähigkeiten,
- Ermutigung, die eigenen Talente mit anderen zu teilen,
- Die Erinnerung daran, dass sie nicht für andere verantwortlich sind und nicht nur durch Geben Liebe erhalten.

Wichtig für dieses Profil

Bei einem 2/4er-Menschen wird behutsam ein Fundament für die Beziehung aufgebaut; das geht nicht unbedingt schnell, aber mit Bedacht. Hinter einer skeptischen und schüchternen Fassade verbirgt sich ein Herzmensch, der sich immens öffnen kann, wenn er die Zeit bekommt, die er braucht. Dieses Profil sucht sich sehr bewusst Menschen in seinem Umfeld aus, fast schon selektiv. Wenn derjenige dich im Leben braucht, solltest du da sein und deine Loyalität beweisen, sonst zieht sich die 2/4 sehr schnell zurück.

Assoziationen: Heidi aus dem gleichnamigen Kinderbuch von Johanna Spyri

Profil 2/5 in Beziehungen

Das 2/5er-Profil könnte man auch als introvertiert versus extrovertiert beschreiben. Hier trifft die 2er-Linie, die viel Rückzug benötigt, gern allein ist und ihren Talenten nachgeht, auf die Heldenlinie 5. Diese Menschen neigen dazu, für Liebe und Anerkennung die Rolle anzunehmen, die das Gegenüber gerade braucht (Verführer, Versorger, Held, Retter) – allerdings sind sie sehr enttäuscht, wenn sie merken, dass sie nur wegen ihrer Rolle geliebt werden. Die 2/5 darf also lernen, sich authentisch zu zeigen und auf sich zu hören. Sie benötigt in Beziehungen:

- ein Gegenüber, das sanft den weichen Herzkern freilegt, ohne Druck zu machen,
- Zeit und Geduld, damit sie sich behutsam öffnen und zeigen kann, viel Vertrauen und Wertschätzung,
- Ermutigung, alle Rollen hinter sich und sich ihres Wesens wegen lieben zu lassen,
- einen Rückzugsort, an dem sie werkeln und das Weltgeschehen überblicken kann,
- Verständnis für die Art, mal heiß, mal kalt zu sein und nicht wirklich direkt zu kommunizieren.

Wichtig für dieses Profil

Eine 2/5 hat es mitunter schwer zu zeigen, wenn sie jemanden mag oder sich mit anderen wohlfühlt. 2/5er sind kritische Menschen, die von anderen und sich selbst Ehrlichkeit und Authentizität fordern und hinter jede Fassade blicken. Was sie dort sehen, kommunizieren sie aber oft nicht, sie nehmen es mit in das Kämmerlein der 2er-Linie. Habe Geduld mit einer 2/5, sie ist ein loyaler Weggefährte, der viel Kraft entfalten kann, wenn du ihm Raum zum Sein gibst.

Assoziation: Spider-Man aus dem gleichnamigen Comic

Profil 3/5 in Beziehungen

Das 3/5er-Profil ist das Profil des Heldentums und des Abenteuers. Diesen Menschen wohnt eine tiefe Weisheit inne, sie verspüren einen Wissensdurst des Erkennens und Erlebens, der eigentlich nie gestillt wird. Mit einem 3/5er in deinem Leben bist du mit ständiger Weiterentwicklung konfrontiert. Es wird ihm oft nachgesagt, nie zufrieden zu sein mit dem, was er hat, und immer nach mehr zu streben, wobei es um das Mehr an Erfahrungen, weniger an Materiellem geht. Mit einer 3/5 wird es im Leben nie langweilig; es ist aber ein Balanceakt, ständig Neues und den Bedarf an Freiheit des Gegenübers auszuhalten und mitzugehen. 3/5er-Menschen benötigen in Beziehungen:

- Authentizität und mentale Stimulation, neue Gedanken und fortwährende Entwicklung, Impulse, neue Projekte,
- dass sie sich ausprobieren und neue Erfahrungen machen dürfen, egal, wie das Ergebnis aussieht,
- dass sie ihre Erfahrungen mit anderen teilen können,
- ein Gegenüber, mit dem sie Abenteuer erleben können,
- jemanden, der ihr Lebenstempo versteht und mitgeht.

Wichtig für dieses Profil

Eine 3/5 ist aufgrund der vielen Erfahrungen im Leben ein guter Krisenlöser. Nicht jede Krise muss aber durch sie gelöst werden, sie halst sich gern zu viel Verantwortung auf. Ein hohes Maß an Perfektion erwartet sie nicht nur von sich, sondern auch vom Partner. Die Suche nach dem idealen »Deckel« kann mitunter nie enden. Gleichzeitig sind 3/5er romantische Achterbahnfahrer, die sich Hals über Kopf in Beziehungen stürzen und diese mit Leichtigkeit und Neuem füllen. Ein Abenteuer eben!

Assoziation: Indiana Jones aus den gleichnamigen Filmen von Steven Spielberg

Profil 3/6 in Beziehungen

Im 3/6er-Profil treffen die Rollen des Abenteurers und des weisen, visionären Adlers aufeinander. Diese Menschen sind absolute Freigeister, die permanent den Sinn im Leben suchen und dabei zu großer Weisheit und Objektivität gelangen. Die dauerhafte Suche kann aber durchaus zu Resignation und zum Infragestellen führen. Sie benötigen ein Gegenüber, das sie in der Tiefe erkennt und eine Hilfestellung gibt, wenn der Lebensweg gerade aussichtslos erscheint. 3/6er sind tief fühlende Menschen, die oft den Schmerz der Welt wahrnehmen und als zu groß empfinden. Sie benötigen die Zuwendung und echte Liebe des Gegenübers, damit sie sich in die Lüfte schwingen können. Sie benötigen in Beziehungen:

- eine enorm offene Kommunikation über das eigene Empfinden,
- Verständnis für die eigenen Krisen und ihre freie Natur,
- Unabhängigkeit und gleichzeitig Nähe und Intimität,
- die Balance zwischen Sinnsuche, Pessimismus und Abenteuer,
- die Erinnerung an ihr Charisma und den Blick »von oben«,
- die Freiheit, ihrer Sinnsuche zu folgen, keine statischen Konstrukte.

Wichtig für dieses Profil

Eine 3/6 kann man nur schwer einsperren oder zügeln oder dauerhaft in einem »stetigen« Konstrukt halten. Sie muss Krisen durchleben, sich selbst und alles infrage stellen, bis sie ab etwa 50 Jahren erkennt, warum sie tut, was sie tut; dann kann sie ihre Rolle als weiser Adler annehmen. 3/6er sind kluge Weggefährten, die unendlich lieben können, sofern man ihren Drang nach Freiheit akzeptiert und ihnen eine Tür öffnet, wenn sie zurückkommen, nachdem sie sich verlaufen haben. Sie benötigen Milde und Mitgefühl in Beziehungen.

Assoziation: Peter Pan aus dem gleichnamigen Roman von J. M. Barrie

Profil 4/6 in Beziehungen

Das Profil 4/6 ist ein großherziges, sensibles Profil, das eine Vision für die Gemeinschaft, für die Welt mitbringt. Diese Menschen tragen den Weitblick der 6er-Linie, des weisen Adlers, in sich und wissen aus dem Herzen heraus, was »richtig« für die Welt ist, um friedlich und verbunden leben zu können. Man könnte sagen, sie verändern die Welt durch ihr großes Herz und ihre Weisheit und können damit enorme Kräfte in sich freisetzen. Sie spüren Unsicherheiten, Probleme und Bedürfnisse im Gegenüber und in ihrer Gemeinschaft sehr stark, weil sie so sensibel sind. Das macht 4/6er gleichzeitig sehr verletzlich in ihrem Wesen. Das Gegenüber darf also das Herz der 4/6 schützend in der Hand halten und ihm die Angst nehmen, verletzt zu werden. Sie benötigen in Beziehungen:

- ein sensibles Umfeld, das auf ihre Wahrnehmung und Vision vertraut,
- Raum, die eigenen Emotionen zu erforschen und offen darüber zu sprechen (Unterstützung beim Sich-selbst-Kennenlernen),
- ein Gegenüber, das Geduld hat, um Vertrauen aufzubauen,
- zärtliche Gesten, Liebesbeweise,
- Sicherheit und Stabilität in der Gemeinschaft,
- Nähe und Kontakt zu anderen Menschen, um Visionen zu teilen,
- bedingungslose Unterstützung bei der Herzensvision.

Wichtig für dieses Profil

4/6er sind die geborenen Ratgeber und schon sehr früh im Leben extrem weit entwickelt. Vertrauensbrüche stellen sich als schwierig für sie dar, sie neigen dazu, in Small Talk abzudriften, wenn das Gegenüber sie nicht sehen oder hören kann. Ihre sensible Art zeigen sie nur einer ausgewählten Gruppe von Menschen, weil sie dafür absolute Sicherheit brauchen. Beziehungen mit 4/6ern bauen sich langsam auf, Stein auf Stein, bis der Berg der Liebe steht.

Assoziation: WALL · E, der kleine Roboter aus dem gleichnamigen Film

Profil 4/1 in Beziehungen

Das 4/1er-Profil nimmt eine Sonderstellung im Human Design ein: Es gilt als fixierte Lebensrolle. Die Rolle und der Lebensweg sind also wenig veränderbar, und auch der Mensch mit diesem Profil. Er bringt die Linie des Forschenden mit sich und hat eine festgelegte Art, eine feste Meinung, einen eisernen Weg, den er unbewusst geht. Mit seiner 4 im Profil ist er ein Mensch, der Vertrauen und Sicherheit braucht, um sich und sein Herz zu zeigen und sein »fixiertes Wesen mit Aufgabe« offen auf den Tisch zu legen. Als Gegenüber akzeptierst du am besten, dass dieser Mensch er selbst sein *muss*, um als Lehrer fungieren zu können, denn nur so gelingt das Fundament für eine innige Beziehung. 4/1er benötigen darüber hinaus:

- gute Kommunikation, Kontakt zu anderen und Netzwerk,
- Einfluss in einem bestimmten (festen) Lebensbereich zum Beispiel Beruf,
- keine Ratschläge, dauerhafte Reflexion oder jemanden, der sie verändern möchte,
- ein sicheres Zuhause, auf das man sich verlassen kann,
- die bedingungslose Annahme des eigenen Wesens und der damit verbundenen Eigenarten (Hobbys, Interessen, Weg im Leben),
- Zuspruch, ihren fixierten Lebensweg kompromisslos zu gehen.

Wichtig für dieses Profil

Der Weg zum Herzen einer 4/1 führt über den Satz »Du bist gut so, wie du bist!«. Dieser Mensch muss und wird sich nicht ändern, ständig entwickeln oder reflektieren. Es kränkt ihn sogar in seinem Wesen, wenn die Menschen ihn verändern wollen. Idealerweise ist die Beziehung mit dem Gegenüber der Raum, in dem er sein Naturell ausleben kann. Dann ist die 4/1 der loyalste und liebendste Mensch, den es gibt.

Assoziation: Der große Gatsby aus dem gleichnamigen Roman von F. Scott Fitzgerald

Profil 5/1 in Beziehungen

Das 5/1er-Profil bringt die Linien des Forschers und Lehrers mit der des Helden und Retters zusammen. Daraus ergibt sich schon, dass diese Menschen pragmatische Super-Power-Problemlöser sind, die auf andere eine große Anziehung ausüben, weil sie Wissen und Tatkraft vereinen. Sie haben den Überblick und wissen immer, was zu tun ist, dürfen aber entscheiden, wen sie an sich heranlassen. Sie bekommen viel Bewunderung, sind aber in ihrer Person und Gefühlswelt tief verletzliche Wesen, die Freiraum und Rückzug benötigen. Das Spiel zwischen Nähe und Distanz beherrschen sie gut und brauchen es. Sie wirken teilweise arrogant, unnahbar und oftmals kalt, besitzen aber einen Tiefgang, den sie im Gegenüber unbedingt brauchen und suchen. Sie benötigen in Beziehungen:

- Tiefgang und offene Kommunikation,
- Anerkennung für ihr Wissen und ihre Retterqualitäten,
- ein reflektiertes Gegenüber, das damit umgehen kann, wenn der Held gerade mal nicht da ist, um zu retten,
- Akzeptanz, dass Distanz und Freiraum regelmäßig gebraucht werden und dies der Intimität und Verbindung keinen Abbruch tut,
- einen Raum, in dem sie nicht Held sein müssen, sondern spielerisch das Leben erkunden und Nähe erleben können.

Wichtig für dieses Profil

Die Schale einer 5/1 zu knacken ist nicht einfach, da sie sich oft in der perfekten Rolle inszenieren kann (Verführer, erfolgreicher Unternehmer et cetera) und sich darin verliert, wenn sie dafür Liebe erhält. Die unnahbar wirkende 5/1 sehnt sich nach einem tiefen Gesehenwerden. Gibt es das nicht, zieht sie schnell den Schutzmantel an und vergräbt sich in einer Rolle.

Assoziation: Batman aus dem gleichnamigen Comic

Profil 5/2 in Beziehungen

Das 5/2er-Profil vereint die Linie des Naturtalents mit der Linie des Helden und Retters. Mit dieser Rolle im Leben ist dein Gegenüber ein anziehendes Wesen, das die Lösung für jedes Problem hat, aber dennoch starken Projektionen ausgesetzt ist und regelmäßig Rückzug sowie Freiheit braucht. Es kann dir sehr ambivalent erscheinen, dass in dem einen Moment die Fähigkeiten voll ausgeschöpft und mit Power in die Welt gebracht werden und im nächsten Moment völlige Unsicherheit herrscht und Anerkennung benötigt wird. Wie der Geist, der sich immer wieder in die Lampe zurückzieht, braucht dieses Profil Zeit, um sich zu zeigen und zu öffnen, und entscheidet, wann es hervortritt und Magie versprüht. Diese Menschen benötigen in Beziehungen:

- Freiraum und einen Rückzugsort,
- Bestärkung in Talenten und Fähigkeiten,
- Bestätigung, Halt und Stabilität,
- Geduld, damit sie sich öffnen können und Unnahbarkeit verfliegt,
- dass sie ihr magisches Wesen zeigen können,
- Behutsamkeit im Umgang mit der harten Schale um den weichen Kern.

Wichtig für dieses Profil

5/2er können leidenschaftliche, empathische und aufmerksame Partner sein, wenn du ihre Schale mit viel Zuwendung und Vertrauen geknackt hast. Ebenso spielen sie manchmal Bäumchen wechsel dich und wissen nicht immer gleich, wem sie sich öffnen wollen. Achte darauf, dass sie keine Rolle für dich spielen, die dir vermeintlich gefällt, sondern dass sie ihr Wesen entdecken dürfen, um zaubern zu können.

Assoziation: Geist aus der Lampe aus dem Märchen *Aladin und die Wunderlampe*

Profil 6/2 in Beziehungen

Das Profil 6/2 vereint den weisen Adler, den Weitblick, mit der Linie 2 des Naturtalents, des zurückgezogenen Werkelmeisters, der intuitiv handelt. Diese Menschen sind echte Ruhepole, solide Lebensmeister und ebenfalls ständig auf der Suche nach Sinn und Weiterentwicklung im Leben. Mit einer 6/2 als Partner stehst du einem Menschen gegenüber, der viele Dinge im Leben erfahren und erlebt hat (oder das noch wird) und dabei eine ungeheure Weisheit ausstrahlt. Er kann schüchtern und sehr zurückgezogen scheinen, nimmt aber in der Tiefe alles wahr, was ihn umgibt. Er ist ein tiefgründiger Scanner des Lebens und der Welt und benötigt in Beziehungen:

- sehr viel Zeit, um sich einzulassen und zu vertrauen,
- seinen eigenen Raum (sogar meist eine eigene Wohnung),
- jemanden, der ihn aufspürt und aus seiner Höhle lockt,
- Verständnis für seine durchlebten Höhen und Tiefen,
- Wertschätzung und Interesse für gemeisterte Krisen,
- die Möglichkeit, der Sinnsuche und neuen Erfahrungen nachzugehen,
- Verständnis für seine intuitive und magische Seite (zum Beispiel Eingebung).

Wichtig für dieses Profil

Diese Scanner- und Magierpersönlichkeit benötigt Zeit, sich einzulassen und ihr Gegenüber zu erfahren und zu durchleuchten und dabei zu lernen. Dabei kann es zu Distanz- und Rückzugsphasen kommen, weil die 6/2 eine andere Perspektive einnehmen muss, um zu wissen, was die Beziehung für sie ist. 6/2er sind oft Denker, die mentales Futter brauchen, um die Welt und das Gegenüber zu verstehen, darum fragen sie viel und brauchen regen Austausch sowie den Raum, ihre Talente zu leben und sich zurückzuziehen.

Assoziation: Yoda aus George Lucas' *Krieg der Sterne*

Profil 6/3 in Beziehungen

Das Profil 6/3 vereint die Linie des Abenteurers und des weisen Adlers in sich. Mit dieser Rolle im Leben hat dein Gegenüber ein enormes Bedürfnis nach Freiheit und sucht das Besondere im Leben. Diese Menschen werden für ihre Weisheit und ihren Weitblick sehr bewundert, sie suchen aber nach dem Seelenpartner, der den Weg des Wachstums und der Transformation mit ihnen geht. Sie führen sehr lebendige Beziehungen, dich sich ständig entwickeln, wobei sie regelmäßig Zeit zum Verarbeiten und Integrieren brauchen. Es kann dir so vorkommen, als gäbe es schnelle Wechsel zwischen Nähe und Distanz. Sie benötigen:

- hingebungsvolle Partner, die mit ihnen wachsen,
- Verständnis für den Rückzug, gerade in Krisen,
- Verständnis dafür, dass sie immer neue Dinge interessieren, reizen und diese gelebt werden möchten,
- Verständnis, dass der Standard nicht interessiert und das Besondere wichtig ist (auch in der Partnerschaft),
- Freude an der Belebung des Gegenübers und an der Weisheit, die sie selbst mitbringen,
- ein offenes Ohr für ihre Sichtweise der Welt.

Wichtig für dieses Profil

Stetigkeit gehört im ersten Teil des Lebens weniger zu dieser Linie: Die 6er-Linie durchläuft zunächst eine wilde Phase, in der sie sich justiert. Gib der 6er-Linie Raum, mit ihren großen Visionen zu fliegen und sich dabei zu erkennen. Akzeptiere, dass sich eine 6/3 aus der Beziehung entfernen kann, denn die Suche nach dem Seelenpartner und Neuem hört nicht auf. Zu groß ist der Drang nach Verbindung, menschlich und auf der ganzen Welt.

Assoziation: Captain America aus dem gleichnamigen Comic

ASTROLOGISCHE HÄUSER: BEZIEHUNG LEBEN

Das Ausleben von Beziehungsthemen: Human Design und Astrologie

In diesem Kapitel verknüpfe ich erneut die Astrologie tiefergehend mit dem Human-Design-Chart. Ra Uru Hu, der Begründer des Human Design, sagte von sich, dass er kein Astrologe sei und die klassische Astrologie eine untergeordnete Rolle im Human Design spiele. Ich breche das hier auf und möchte deinen Blickwinkel für die wunderbare Perspektive öffnen, die uns die tropische Astrologie auf unser Chart und somit unser Wesen und das unseres Gegenübers geben kann.

Ich berufe mich in diesem Buch auf die tropische Astrologie und möchte kurz die feinen Unterschiede zwischen *tropischer* und *siderischer* Astrologie darlegen. Beide Ansätze haben einen Messkreis von 360 Grad, unterteilt in die zwölf Tierkreiszeichen oder Abschnitte zu je 30 Grad. Das erkennst du, wenn du in das Human-Design-Mandala schaust (siehe Seite 92) – hier sind die zwölf Tierkreiszeichen eingezeichnet und nehmen jeweils 30 Grad im Mandala ein. Der Unterschied beider astrologischen Systeme liegt vorrangig in der Betrachtungsweise: So startet die siderische Astrologie ihren Messkreis immer bei null Grad (0°) im Zeichen Widder, während die tropische Astrologie sich an den jährlichen Wendepunkten (Frühjahrspunkt, Tagundnachtgleiche et cetera) orientiert. Für die Betrachtungskomponenten in diesem Buch, die wir im Mandala finden, spielt das allerdings eine untergeordnete Rolle. In der westlichen Astrologie dominiert der tropische Tierkreis, dagegen zum Beispiel in der asiatischen, wie in Indien, der siderische Tierkreis. Der fest eingeteilte Tierkreis der tropischen Astrologie hilft uns also dabei, weitere Aspekte unserer Persönlichkeit oder der des Gegenübers zu entdecken.

Gezielter Blick in Einzelbereiche

Sehr oft erlebe ich, dass Charts bis ins kleinste Detail und Element ergründet werden und man den Blick auf das große Ganze leicht verliert. Ich bin der Ansicht, dass dir das Wissen über ein Tor, das du aktiviert hast – oder dein Gegenüber aktiviert hat –, nur weiterhelfen kann, wenn du weißt, in welchem Lebensbereich es sich zeigt und dich zum Ausleben dieser Qualität bittet. Diesen Hinweis finden wir in den zwölf astrologischen Häusern, denen jeweils fünf bis sieben Tore des I Ging fest zugeordnet sind (siehe Abbildung auf Seite 141).

Diese Unterteilung des Charts gibt uns bei Beziehungen die Möglichkeit, in alle Einzelbereiche, die von Relevanz sind – Elternschaft, Sexualität oder soziales Leben –, zu blicken.

Dazu ein Beispiel: Tor 21 (Tor der Kontrolle) ist bei deinem Gegenüber in Haus 1 (Haus des Wohlbefindens, der Persönlichkeit und des Lebensgefühls) aktiviert. Es bestärkt dein Gegenüber in der Gabe, selbstbestimmt und eigenmächtig zu handeln, und ist somit direkt mit seinem Lebensgefühl verknüpft. Hat eine Person keine Kontrolle oder Macht im Leben, wird sich das stark auf die Motivation und das Lebensgefühl ihres Gegenübers auswirken. Das Tor 21 in diesem Haus zeigt dir also auf, dass die Persönlichkeit gegenüber es braucht, in die Selbstverantwortung zu kommen und die Kontrolle über das eigene Leben zu erlangen. Es geht bei dieser Toraktivierung demnach in erster Linie um die Person und ihr selbstbestimmtes Handeln. Tor 21 besitzt zusätzlich eine Feuerbetonung, was bedeutet, dass dein Gegenüber der Mittelpunkt in seinem Leben ist. Das Thema, Kontrolle im Leben zu erlangen, ist für diese Person, die aus der Mitte heraus alles nährt und so Entfaltung ermöglicht, Flamme und Antreiber.

Das Thema Kontrolle ist also ein weites Feld; wenn du dir aber darüber bewusst bist, in welchem Lebensbereich du und dein Gegenüber sie mitbringen, kannst du anders agieren, beobachten und dich damit befassen, wozu du hier bist: die Gabe dahinter zu entfalten.

Die zwölf Häuser in der Astrologie

In der tropischen Astrologie finden wir zwölf übergeordnete Lebensbereiche – das Häusersystem. Die Abbildung auf Seite 142 bietet dir einen Überblick über alle zwölf Häuser. Dadurch bekommst du eine Vorstellung davon, in welchem Lebensbereich sich Merkmale, Verhaltensweisen, Herausforderungen und Schatten zeigen und wie wir unsere Persönlichkeit in verschiedensten Facetten leben. Jedes Haus ist direkt einem Tierkreiszeichen zugeordnet.

Was macht uns jetzt so unterschiedlich? Von den 64 möglichen Toren haben wir alle jeweils 26 aktiviert. Diese unterschiedliche Prägung wird uns im Human-Design-Chart gezeigt und kann von dir mithilfe des Charts, des Mandalas, ausgelesen werden.

Haus 1 – Widder
Wohlbefinden, Motivation, Persönlichkeit, Temperament, Lebensgefühl

Haus 2 – Stier
Besitztum, Materialismus, Sicherheit, Bedürfnisse

Haus 3 – Zwillinge
Kommunikation, Lernen, Bildung, Verwandtschaft, Umgebung

Haus 4 – Krebs
Zuhause, Familie, Eltern

Haus 5 – Löwe
Liebe, Kreativität, Leidenschaft, Vergnügen, Kinder

Haus 6 – Jungfrau
Arbeit, Gesundheit, Alltag, Körper, Ernährung, Hobbys, Routinen

Haus 7 – Waage
Beziehungen, Partnerschaft

Haus 8 – Skorpion
Sexualität, Tabus, Transformation, Entwicklung, Investitionen

Haus 9 – Schütze
Wachstum, Ideale, Träume, Philosophie, Herausforderungen

Haus 10 – Steinbock
Beruf, Image, Ziele, Bestrebungen, Status, Autorität

Haus 11 – Wassermann
Freundschaft, Hoffnung, soziales Leben

Haus 12 – Fische
Spiritualität, Verbund, Glaube, Inspiration

Die 12 astrologischen Themenhäuser im Human-Design-Mandala

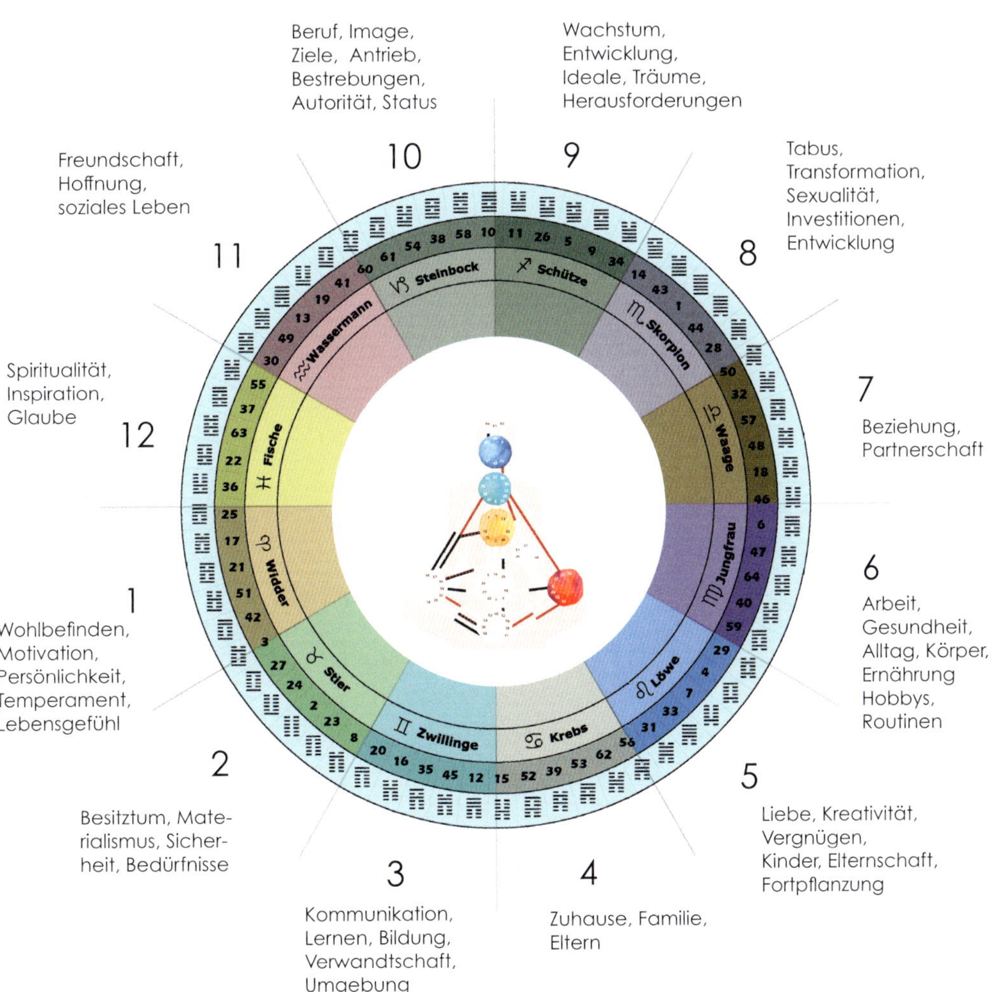

Haus 1: Persönlichkeit, Wohlbefinden, Lebensgefühl

Elementbetonung: Feuer

Tierkreiszeichen: Widder

Der Lebensbereich

Das erste Haus steht für die Persönlichkeit, die Art und Weise, wie andere Menschen die eigene Person wahrnehmen, sowie dafür, welches Lebensgefühl man benötigt und vermittelt. Man könnte sagen, in diesem Bereich dreht sich alles um das Ich und die damit verbundene Entwicklung im Inneren. Hier treten die wichtigsten Persönlichkeitsmerkmale zutage, die in diesem Leben entwickelt werden sollen. Das Haus beschreibt die Disposition des Charakters, die Konstitution (körperlich und geistig) und den Willen, das Streben.

Tore in diesem Haus

- 25: Tor des natürlichen Selbst
- 17: Tor der Meinungen
- 21: Tor der Kontrolle
- 51: Tor des Wettbewerbs
- 42: Tor des Wachstums

Die Bedeutung der Aktivierungen in diesem Haus

Aktivierungen im ersten Haus fordern uns dazu auf, unsere Persönlichkeit im aktivierten Bereich zu entwickeln, zum Beispiel im Bereich der Kontrolle. Dabei stehen das Ich und das Wachstum der eigenen Person im Vordergrund. Die Zuwendung zu den und die Überwindung der Schattenthemen in den jeweiligen Aktivierungen haben einen direkten Einfluss auf das Lebensgefühl, den inneren Antrieb und die Motivation.

Haus 2: Besitztum, Materialismus, Sicherheit, Bedürfnisse

Elementbetonung: Erde

Tierkreiszeichen: Stier

Der Lebensbereich

Das zweite Haus steht vorrangig für den Bereich der Besitztümer (auch der inneren), des eigenen Hab und Guts, der eigenen Werte, der höheren Ordnung und Struktur, der Anschaffungen und der Sicherheit, die wir in (materiellen) Dingen finden. Es steht auch für das Thema Zufriedenheit und fragt, was (wen) wir besitzen wollen, um zufrieden zu sein. Das zweite Haus gibt Aufschluss darüber, inwiefern sich ein Mensch über seinen Besitz definiert und welche Dinge er für ein Gefühl der Sicherheit im Leben braucht.

Tore in diesem Haus

- 3: Tor der Veränderung und Neuordnung
- 27: Tor der Fürsorglichkeit, Selbstlosigkeit
- 24: Tor der Reflexion
- 2: Tor des höheren Wissens und der inneren Führung
- 23: Tor der Klarheit
- 8: Tor des Ermächtigens

Die Bedeutung der Aktivierungen in diesem Haus

Aktivierungen im zweiten Haus geben einen Hinweis auf den eigenen Wert und worüber man sich definiert. Geld? Persönlichkeit? Besitz? Wissen? Die Aktivierungen zeigen auf, was der Mensch benötigt, um sich sicher zu fühlen, und wonach er strebt, um Vollständigkeit in der eigenen Person zu erreichen. Aktivierungen in diesem Bereich geben Aufschluss über Konsumverhalten, Mangel und Reichtum.

Haus 3: Kommunikation, Lernen, Bildung, Verwandtschaft

Elementbetonung: Luft
Tierkreiszeichen: Zwillinge

Der Lebensbereich

Das dritte Haus zeigt uns, wie wir mit anderen Menschen interagieren, uns mitteilen, unsere Gedanken zum Ausdruck bringen. Es geht in diesem Haus um Kommunikation, Bildung und das Anhäufen von Wissen sowie die Verteilung dieses Wissens. Das Haus steht ebenfalls für unsere Verwandtschaft und das nähere Umfeld, mit dem wir kommunizieren.

Tore in diesem Haus

- 20: Tor der Gegenwart
- 16: Tor des Experten
- 35: Tor des Fortschritts
- 45: Tor des Sammlers
- 12: Tor des emotionalen Sprechens

Die Bedeutung der Aktivierungen in diesem Haus

Aktivierungen im dritten Haus geben Aufschluss über die eigene Art der Rhetorik und des Sprechens. Wie kommuniziere ich mit anderen und wie verkörpere ich meine Persönlichkeit durch Kommunikation? Das dritte Haus zeigt an, ob ich ein Deep Talker oder Small Talker bin, ob ich den Namen meines Postboten kenne und wie ich mit anderen in Interaktion gehe, um mich, mein Wissen und eventuell mein Expertentum zu zeigen und meine präsenten Gedanken mit der Welt zu teilen. Es zeigt auf, inwiefern das Sammeln von Wissen und dessen Übersetzung in meinem Leben eine Rolle spielen.

Haus 4: Zuhause, Familie, Eltern

Elementbetonung: Wasser
Tierkreiszeichen: Krebs

Der Lebensbereich

Das vierte Haus steht für unsere Herkunft und Wurzeln, die Familie, aus der wir kommen, und das häusliche Umfeld, in dem wir geprägt wurden und aufgewachsen sind. Es zeigt uns auf, was Heimischsein für uns bedeutet und was wir brauchen, um uns zu Hause zu fühlen. Das vierte Haus steht für Traditionen, Schutz, Geborgenheit und Rückzug sowie alle Gefühle, die wir mit dem Thema Ursprungsfamilie verbinden.

Tore in diesem Haus

- 15: Tor der Balance und Extreme
- 52: Tor der Stille und Ruhe
- 39: Tor der Provokation
- 53: Tor des Anfangs
- 62: Tor der Details und Tiefe
- 56: Tor der Anregung

Die Bedeutung der Aktivierungen in diesem Haus

Aktivierungen im vierten Haus konfrontieren uns damit, welche Macht unsere Familie (Eltern) uns mitgegeben hat und welche sie über uns hat. Aktivierungen in diesem Haus fordern uns auf, unser Bild von einem Zuhause zu leben und zu etablieren. Was verbinden wir mit Geborgenheit und elterlicher Liebe, welche Streitthemen kommen auf den Tisch? Aktivierungen in diesem Haus geben Aufschluss über die Konstitution des inneren Kindes, über unsere Wurzeln und Prägungen. Sie zeigen uns auf, wie wichtig ein »örtliches« Zuhause für uns ist oder ob wir doch im Herzen zu Hause und ein unabhängiger Weltenbummler sind.

Haus 5: Liebe, Kreativität, Schöpferkraft, Kinder und Elternschaft

Elementbetonung: Feuer
Tierkreiszeichen: Löwe

Der Lebensbereich

Das fünfte Haus steht für Leidenschaft, Liebe, Kreativität, Lebenslust, Selbstausdruck, Abenteuer und Schöpferkraft sowie die eigene Elternschaft. Es wird den Lebensbereichen Kinder und Erotik zugeordnet. Das fünfte Haus fragt danach, was man für die emotionale und kreative Entfaltung im Leben braucht, wie man sich verwirklicht und auslebt. Welchen Genuss benötigt man? Welche Ausdrucksform der eigenen Schöpfung wählt man? Wie bringt man seine Kreativität zum Fließen und zum Ausdruck und wie lehrt und führt man? Wie lebt man seine Elternschaft aus?

Tore in diesem Haus

- 7: Tor des strategischen Führers
- 4: Tor des logischen Denkens
- 29: Tor der Zustimmung, des Engagements
- 31: Tor der Führung
- 33: Tor des Rückzugs, der Konzentration

Die Bedeutung der Aktivierungen in diesem Haus

Aktivierungen im fünften Haus geben Aufschluss darüber, wie sich jemand ausdrückt, inszeniert, auslebt. Es zeigt uns an, ob wir den Abenteurer, Romantiker, Lehrer, Künstler, Makler, Chef oder Genießer und Süchtigen vor uns haben. Die Aktivierungen zeigen uns an, inwiefern der Drang der Verwirklichung uns ebenfalls mit Macht, Manipulation und Extremen konfrontiert. Die Aktivierungen geben einen Hinweis auf unseren Selbstausdruck als Elternteil und beschreiben, was wir den Kindern für das Leben mitgeben, wovor wir Angst haben, welche Rolle wir vorleben.

Haus 6: Arbeit, Gesundheit, Alltag, Körper, Ernährung, Routinen

Elementbetonung: Erde
Tierkreiszeichen: Jungfrau

Der Lebensbereich

Das sechste Haus steht für unser tägliches Leben im Bereich Körper, Routinen, Ernährung, Arbeit und Verpflichtungen. Es fragt uns, wie wir mit uns umgehen und die Dinge angehen. Es zeigt uns auf, welchen Rhythmus, welche Herangehensweise wir an Dinge haben und welche Verantwortung wir für uns und andere tragen können. Es gibt Aufschluss darüber, ob wir zuverlässig, pflichtbewusst, verantwortungsvoll und reflektiert sind und wie unser Bewusstsein für den eigenen Körper, den eigenen Zustand und damit für andere ist.

Tore in diesem Haus

- 6: Tor der Diplomatie
- 47: Tor des Gesamtbilds
- 64: Tor der Reflexion
- 40: Tor der Verantwortungsabgabe
- 59: Tor der Intimität
- 46: Tor des Strebens

Die Bedeutung der Aktivierungen in diesem Haus

Aktivierungen im fünften Haus zeigen uns an, wie bewusst wir im Alltag mit uns, mit Verantwortung im Leben und mit anderen umgehen. Wie bewusst und intim sind wir mit unserem Körper, wie gut kennen wir ihn? Die Aktivierungen machen deutlich, welche Routinen und welches Maß an Arbeit für uns gesund sind und an welcher Stelle sich der Körper mit Warnsignalen meldet. Die Aktivierungen beschreiben, welchem Rhythmus wir folgen, sie fordern uns auf, unsere materielle Hülle ganz und gar anzunehmen und wertzuschätzen und mit uns selbst ein Team zu werden.

Haus 7: Beziehungen, Partnerschaft

Elementbetonung: Luft
Tierkreiszeichen: Waage

Der Lebensbereich

Das siebte Haus steht für alle Arten von Beziehungen zu und Partnerschaften mit anderen. Es geht um den Umgang, Vorbilder, das Bild von Lebensgefährten, Werte in Beziehungen und die damit verbundene eigene Entwicklung in Beziehungen. Das Haus zeigt auf, welchen Stellenwert Partner, Freunde, Kollegen in unserem Leben haben und wie wir uns darüber ausleben und definieren.

Tore in diesem Haus

- 18: Tor der Korrektur
- 48: Tor der Tiefe
- 57: Tor der Weisheit
- 32: Tor der Kontinuität
- 50: Tor der Werte

Die Bedeutung der Aktivierungen in diesem Haus

Aktivierungen im siebten Haus zeigen uns auf, welche Lernthemen wir in Beziehungen haben und welche Partner wir bevorzugt in unserem Leben möchten, weil sie uns bestimmte Dinge geben. Die Aktivierungen zeigen uns, was wir in einer Partnerschaft benötigen – zum Beispiel Anerkennung, Stolz, Prestige, Sanftheit, Freiheit –, um uns wohlzufühlen und einzulassen. Die Aktivierungen geben einen Einblick in unsere Werte, was Partnerschaft für uns bedeutet, ob wir dauerhafte Bindungen mögen, ob wir ein Typ für die Ehe sind und wonach wir mit Partnern gemeinsam streben.

Haus 8: Sexualität, Tabus, Transformation

Elementbetonung: Wasser
Tierkreiszeichen: Skorpion

Der Lebensbereich

Das achte Haus steht für Grenzerfahrungen, Risiko und Hingabe sowie die Themen Sexualität und Transformation. In diesem Haus geht es um Aktion und Reaktion. Unser Handeln zeigt uns ein Ergebnis und Haus 8 den Umgang mit risikobehafteten Erfahrungen, Tabus und Neugier. Es ist das Haus der Veränderung, das uns immer neue Erfahrungen und Gelüste aufzeigt und uns gleichzeitig zeigt, wie wir alte Dinge loslassen müssen, um uns zu wandeln.

Tore in diesem Haus

- 28: Tor des Risikos
- 44: Tor der Kooperation
- 1: Tor der Kreativität und des Ausdrucks
- 43: Tor der Eingebung
- 14: Tor der Umsetzungskraft

Die Bedeutung der Aktivierungen in diesem Haus

Aktivierungen im achten Haus stehen maßgeblich für alle Erfahrungen, die nicht in unserer Komfortzone liegen und uns trotzdem anziehen oder neugierig machen. Diese Aktivierungen zeigen die Dinge, die wir erfahren sollen, auch wenn das zu großen Umstürzen und Transformationen im Leben führen kann. Die aktiven Tore unterstützen uns dabei, dem Risiko zu folgen, um eine neue Vision von uns zu bekommen. Die Aktivierungen zeigen unsere Gelüste, Tabuthemen und sexuellen Neigungen auf, die uns reizen und Anziehung auf uns ausüben.

Haus 9: Wachstum, Ideale, Träume, Herausforderungen

Elementbetonung: Feuer
Tierkreiszeichen: Schütze

Der Lebensbereich

Das neunte Haus steht für Gedanken, Ideen, Träume, mentales Wachstum und Philosophie sowie das Hinterfragen des Lebens. Dieses Haus zeigt auf, inwiefern unser Geist offen ist für verschiedene Ideen, Konzepte, Menschen und Religionen; es lässt uns die Welt durch unseren Fokus, Ideen, Reisen und das Sammeln von Wissen hinterfragen. Dieses Haus zeigt uns auf, inwiefern wir beständig nach Wahrheit und neuer Intellektualität suchen, um uns zu entwickeln, und welche Toleranz wir im Alltag leben.

Tore in diesem Haus

- 34: Tor der Kraft
- 9: Tor der Fokussierung
- 5: Tor des Divine Timing
- 26: Tor des Egoismus
- 11: Tor der Ideenvielfalt

Die Bedeutung der Aktivierungen in diesem Haus

Aktivierungen im neunten Haus stehen für die geistig-mentale Entwicklung und die Herausforderung, sich zu fokussieren, seine Ideenvielfalt zu nutzen und diese in die Tat umzusetzen oder weiterzugeben. »Mit dem Kopf in den Wolken« wäre eine gute Beschreibung für die Aktivierungen, denn es geht um das geistige Interesse an Kultur, Wissenschaft, jedweder Form von mentaler Nahrung, Religion, Philosophie und den höheren Aspekten des Lebens.

Haus 10: Beruf, Image, Ziele, Bestreben, Status, Autorität

Elementbetonung: Erde
Tierkreiszeichen: Steinbock

Der Lebensbereich

Das zehnte Haus steht für Erfolg, Gesellschaft und Status. Es beschreibt, ob sich die Welt um uns als Person dreht oder wir uns als Mittelpunkt sehen. Das zehnte Haus zeigt auf, in welcher Rolle wir erfolgreich sein können, welche Eigenschaften uns zu Ruhm, Status und Autorität verhelfen und ob wir das in unserem Leben brauchen. Es zeigt unsere Rolle in der Gesellschaft, im Beruf an und gibt Hinweise auf unsere Statusziele im Leben.

Tore in diesem Haus

- 10: Tor des authentischen Seins
- 58: Tor der Lebensfreude
- 38: Tor des Kämpfers und Rebellen
- 54: Tor des Ehrgeizes
- 61: Tor der inneren Mystik

Die Bedeutung der Aktivierungen in diesem Haus

Aktivierungen in Haus 10 helfen uns zu verstehen, welcher gesellschaftliche Standpunkt für uns vorgesehen ist: Rebell, Investor, stiller Beobachter, Berater? Die eigenen Ziele beziehungsweise die eigene Definition von Glück und Status werden hier deutlich, ebenso wie das Maß an Ehrgeiz, das die Person an den Tag legen kann und möchte. Die Toraktivierungen zeigen dabei natürliche Gaben und Qualitäten an, die die Gesellschaft unbedingt von uns benötigt und die uns leicht und natürlich zu Anerkennung verhelfen. Diese Aktivierungen sollten in jedem Fall gelebt werden, weil sie einen Teil der gesellschaftlichen Bedürfnisse abdecken und wir uns durch sie beruflich verwirklichen können.

Haus 11: Freundschaft und soziales Leben

Elementbetonung: Luft
Tierkreiszeichen: Wassermann

Der Lebensbereich

Das elfte Haus steht für die Bereiche Freundschaft, Visionen und Hoffnungen. Es geht in diesem Haus um alles, was beflügelt und uns weiterbringt. Hier zeigen sich tiefe menschliche Sehnsüchte, aber auch Vorahnungen, Eingebungen und die Fähigkeit zur Analyse. Das elfte Haus ist ein Indikator für Teamfähigkeit; es zeigt an, inwiefern man Einzelgänger oder Teamplayer ist und welchen Stellenwert Freundschaften und tiefergehende Verbindungen im Leben haben.

Tore in diesem Haus

- 60: Tor der Entwicklung
- 41: Tor der Ahnung
- 19: Tor der Bedürfnisse
- 13: Tor des Zuhörers und Analysten
- 49: Tor der Prinzipien und Werte
- 30: Tor der Sehnsucht

Die Bedeutung der Aktivierungen in diesem Haus

Bei allen Aktivierungen im elften Haus geht es um höhergesteckte Ziele, die durch Freundschaft, Verbindung und Visionen erreicht werden dürfen. Es geht um die Sehnsucht nach Frieden in allen Toren und was es braucht, um diese Liebe in die Welt zu bringen. Alle Aktivierungen in Haus 11 zeigen an, wie diese friedliche

Revolution vonstattengehen kann, wenn Menschen ihren Bedürfnissen und Eingebungen folgen. Die eigene Entwicklung über Freundschaften oder Seelenverbindungen ist Hauptteil dieser Aktivierungen.

Haus 12: Spiritualität, Glaube, Inspiration

Elementbetonung: Wasser
Tierkreiszeichen: Fische

Der Lebensbereich

Das zwölfte Haus steht für das spirituelle Unterbewusste und für den inneren Glauben. In diesem Haus ist man mit sich beschäftigt und hat Kontakt mit seinem Unterbewusstsein. Das zwölfte Haus soll uns helfen, in unsere Mitte zu kommen, was oft über Krisen, Zweifel und Ängste geschieht, wenn wir uns uns selbst zuwenden. Es ist das Haus der Inspiration, des Nicht-Aufgebens und des Kraftschöpfens sowie der inneren Zentrierung.

Tore in diesem Haus

- 55: Tor der Fülle
- 37: Tor der Augenhöhe
- 63: Tor des Zweifels
- 22: Tor des Mitgefühls
- 36: Tor der Krisen

Die Bedeutung der Aktivierungen in diesem Haus

Aktivierungen in diesem Haus weisen uns darauf hin, welchen Weg wir gehen, um in unsere Mitte zu finden. Alle Aktivierungen haben das Ziel, dass wir zur Ruhe kommen und Zweifel, Ängste, Sorgen, Traumata sowie Mängel beiseitelegen. Die Aktivierungen geben Aufschluss darüber, welche Hürden wir liebevoll nehmen dürfen, um bei uns anzukommen, und welche Transformation im Inneren stattfinden darf, damit wir mit uns und allem Unterbewussten in Kontakt sind. Man nennt die Aktivierungen in diesem Haus auch göttliche Fähigkeiten, weil sie von der Liebe für uns und andere geprägt sind.

ZENTREN, KANÄLE UND SEX-STREAMS: GEMEINSAM-KEITEN UND AUFGABEN

Gemeinsame Elemente und Aufgaben

Im Human Design haben wir die Möglichkeit, die Energie von zwei oder mehr Menschen »übereinanderzulegen« und zu sehen, welche gemeinsame Energie sich daraus ergibt. Du kannst dadurch Folgendes herausfinden:

- Welchen Verbindungsmodus habt ihr?
- Wie »luftig« oder sicher ist die Beziehung?
- Welche Anziehung ist besonders stark?
- Welche Konflikt- und Dominanzbereiche zeigen sich?
- In welchen Bereichen gibt es unterschiedliche Bedürfnisse?

Die Elemente

Die Elemente findest du vorrangig in den Kanälen und in den Zentren des Human Design. Auf den Umschlagseiten des Buches kannst du dir die genaue Position und Bezeichnung ansehen. Die Bereiche zeigen uns auf, welche Energie in der Beziehung oder Verbindung präsent ist. Am einfachsten sieht man diese Elemente, wenn man sich ein Composite-Chart (siehe Beispiel auf Seite 200) erstellt. Darin werden zwei Bodygraphen zu einem großen zusammengeführt, aus dem man die gemeinsame Energie ablesen kann.

Du kannst zwei einzelne Charts zusammenführen, indem du in ein Blanko-Chart alle Elemente von dir und deinem Gegenüber einträgst. Blanko-Charts (leere Charts) kannst du dir als PDF online bestellen (siehe Link im Anhang) und ausdrucken. Ich empfehle das sogar in meiner Ausbildung, da sich durch das Aufzeichnen ein besseres Verständnis dafür ergibt, was jeder in die Beziehung einbringt. In diesem Kapitel erfährst du im Überblick mehr über die folgenden Elemente. Bitte nutze die jeweiligen Abbildungen, um zu erkennen, wie die Elemente im Chart im Detail aussehen:

- Verbindungsmodus
- Dominanzkanäle

- Freundschaftskanäle
- Kompromisskanäle
- Anziehungskanäle
- Sexschaltkreise

Bevor du in dieses Kapitel einsteigst, möchte ich dir noch einige Hinweise zu den verwendeten Begriffen geben und eine Orientierung, wo du diese Elemente im Human-Design-Bodygraphen findest. Nutze zum besseren Verständnis bitte die Abbildungen auf den beiden Umschlagseiten.

Zentrum:

Zentren sind die runden Energiebereiche in einem Bodygraphen, die farbig oder weiß dargestellt werden. In diesen Bereichen senden wir Energie (farbig) oder wir empfangen Energie (weiß). Es gibt insgesamt neun Zentren im Human Design.

Definiertes Zentrum:

Ein definiertes Zentrum in einem Bodygraphen ist immer ein farbiger runder Bereich. Ein Zentrum wird erst definiert, wenn ein Kanal (dieser bildet sich aus zwei Toren) an diesem Zentrum anhaftet. Dann ist diese Energie eine feste, gebende Größe im Chart, sowohl bei Einzelpersonen als auch in Verbindungscharts zweier Menschen. Generell gilt: Hat eine Person ein Zentrum definiert, so ist dieses auch in der gemeinsamen Energie definiert.

Undefiniertes Zentrum:

Ein undefiniertes Zentrum in einem Bodygraphen ist der weiße runde Bereich. Es ist ein Bereich, in dem wir Energie erleben, empfangen und durchleben. Er ist undefiniert, weil er keine durchlaufende Verbindung (Kanal) zu einem anderen Zentrum besitzt. Bei einem undefinierten Zentrum können allerdings Tore aktiviert sein. Undefinierte Zentren können in einer Beziehungsenergie aktiviert werden durch dein Gegenüber, das siehst du beispielsweise in den Abbildungen der Beziehungsanalyse von Sabine und Uwe (siehe Seite 199).

Offenes Zentrum:

Ein offenes Zentrum ist ein weiß dargestellter Energiebereich, der keine farbig markierten Tore aufweist. Dieser Bereich ist komplett durchlässig, das heißt, hier nehmen wir die Energien anderer wahr.

Kanal:

Ein Kanal entsteht aus zwei Toren, die sich zu einem Kanal zusammenschließen, der wiederum zwei Zentren miteinander verbindet und sie aktiviert. Die Kanäle beschreiben, welche Energie in deinen Adern fließt (zum Beispiel Kanal des Materialisten, Mutter-Teresa-Kanal). Zwei Tore verbinden sich immer zu einem Kanal und haben eine prägende Energie für deine Persönlichkeit. Es gibt insgesamt 36 Kanäle im Human Design. Für ein Composite-Chart ist es wichtig zu verstehen, dass Tore von Partnern sich zu einem Kanal verbinden können und die gemeinsame Energie sich dadurch ändert.

Tor:

Die Tore zeigen dir, welche Gaben und Talente du mitbringst (zum Beispiel Tor der Logik) und welche Schattenthemen (zum Beispiel Dominanz, Fanatismus) bei dir zum Tragen kommen. Ein Tor ist ein »halber Kanal«, der sich mit den Toren deines Gegenübers zu einem »ganzen Kanal« verbinden kann.

Verbindungsmodus in Beziehungen

Der Verbindungsmodus in Beziehungen beschreibt, welche gemeinsame Energie zwei Menschen haben. Er entsteht aus der Anzahl der gemeinsam definierten Zentren im Chart und gibt uns eine grobe Richtung, wie das Fundament dieser Beziehung aufgebaut ist. Definierte Zentren sind alle farbig markierten Bereiche im Chart, undefinierte Zentren werden meist als weiß oder farblos dargestellt. Aus dem Connection-Modus kann man ableiten:

- welche festgelegte Art und Weise die Beziehung (Paar, Freunde, Kollegen, Eltern) hat,
- wie viel Spielraum für Neues und Ideen in der gemeinsamen Energie vorhanden ist,
- ob man für gemeinsames Wachstum und Austausch zusammengefunden hat und einen eher die internen oder die externen Dinge weiterbringen,
- welchen Grad an Freiheit jeder benötigt,
- wie leicht oder schwer es fällt, loszulassen oder sich einzulassen.

Der Verbindungsmodi in Beziehungen

Static Mode
(9 definiert, 0 undefiniert)
starker Stamm, viele Gemeinsamkeiten, Enge, festgelegte Struktur bis zur Starre

Deep Mode
(8 definiert, 1 undefiniert)
starkes Fundament mit Offenheit für neue Dinge und gemeinsame Entwicklung

Diversion Mode
(7 definiert, 2 undefiniert)
geprägt von individueller Entfaltung, Raum für Inspiration, aber auch Ablenkung, leicht, sich zu verlieren

Buddy Mode
(6 definiert, 3 undefiniert)
eigene Energie vorrangig, Genuss der punktuellen Energie des anderen, viel Raum zum Entdecken und Befruchten

Free Mode
(5 definiert, 4 undefiniert)
Ich-Entfaltung steht vor dem WIR, Fundament punktuell gemeinsam

In der Abbildung (oben, unten, nebenstehend) ist sichtbar, wie man die gemeinsame Energie, die durch unsere Energiezentren bestimmt wird, verstehen kann. Definierte Zentren gelten als fixe Anteile in uns; sie sind unser Stamm, an dem wenig zu rütteln ist. Alle »luftigen« Bereiche gelten als undefinierte Zentren, denen ich Blätter oder biegsame Äste zuordne. Sieh dir gern das jeweilige Bild zum Verbindungsmodus an, damit du ein besseres Gefühl für die gemeinsame Energie bekommst. Dabei wirst du feststellen, dass wir mit abnehmender Zahl definierter Zentren im gemeinsamen Chart luftigere, freiere, offenere, unverbindlichere Konzepte in unseren Beziehungen benötigen. Je nachdem, mit welchem Menschen du dir ein Chart erstellst, kannst du anhand des Baums gut ablesen, wie statisch (fix) ihr gemeinsam seid oder wie viel Freiraum und Eigenentfaltung ihr in der gemeinsamen Energie braucht. Fakt ist, dass wir mit jedem Menschen ein besonderes Energiefundament haben, denn sobald wir aufeinandertreffen, bildet sich eine gemeinsame Energie. In der folgenden Tabelle findest du eine Übersicht über die Connection-Modus-Grade, die es in einer gemeinsamen Energie geben kann (Erklärung zu den Modi ab Seite 160):

Connection-Name	Gemeinsam definierte Zentren	Gemeinsam undefinierte Zentren
Static Mode	9	0
Deep Mode	8	1
Diversion Mode	7	2
Buddy Mode	6	3
Free Mode	5	4

Gemeinsam definierte Zentren

Zentren, die man in einer Beziehung gemeinsam definiert hat, gelten als Stamm in der Verbindung. Das bedeutet, dass man hier in den Gedanken festhängt; in diesen Bereich kommt wenig Einfluss von außen hinein. Der Vorteil an gemeinsam definierten Energiebereichen ist es, dass sich hier gemeinsamer Bereich entwickelt, in dem man sich versteht und wohlfühlt.

Dazu ein Beispiel anhand des Milzzentrums: In einem gemeinschaftlichen Chart, in dem das Milzzentrum definiert ist, fühlen sich beide Parteien sicher.

Es zeugt von Beständigkeit, Geborgenheit und dem Gefühl, gut aufgehoben zu sein. Allerdings sorgt es dafür, dass sich die gemeinsame Energie an den Zustand, sicher zu sein, gewöhnt und die Instinkte, sozusagen die innere Alarmanlage, immer leiser werden. Sollten sich die Wege in der Beziehung trennen, so ist es oftmals ungleich schwerer, sich aus einer gemeinsamen Energie mit vielen definierten Zentren zu lösen.

Der Mensch als Verbindungswesen strebt danach, in seiner Energie eine Vollständigkeit zu erreichen, die aber nicht immer vorteilhaft ist, wenn sich nur eine Partei entwickeln möchte. Sie kann zuweilen sehr starr und festhaltend wirken, aber ebenso den Rundum-Wohlfühlfaktor bieten oder wie in einer Kind-Eltern-Konstellation das Gefühl von Zuhause und Fundament vermitteln. In definierten Zentrenbereichen sind wir aufgefordert, an uns zu arbeiten und unsere Muster zu entlarven. Da hier nichts von außen hineinkommt, steht man sich mit den definierten Zentren, mit der eigenen Persönlichkeit und in allen Schattenthemen gegenüber. Gemeinsam definierte Zentren sind also alle Bereiche, in denen wir gemeinsam innere Arbeit verrichten dürfen, wenn es in Beziehungen zu Reibung kommt. Es geht dann darum, den inneren Stamm positiv zu verändern und dadurch die Dekonditionierung anzuregen. Man könnte sagen: Je dichter die gemeinsame Energie ist, desto mehr Reibung kann entstehen.

Gemeinsam undefinierte Zentren

Zentren, die man gemeinsam undefiniert hat, sind immer Bereiche der Entwicklung, der Inspiration, des Wachstums. In diesen Zentren können Dinge, Impulse und Ideen von außen in die Beziehung hineingelangen. Je mehr undefinierte Zentren man in einem Beziehungschart findet, desto »luftiger« wird die gemeinsame Beziehung, desto mehr Entfaltungsmöglichkeiten bietet sie, aber desto größer ist auch die Möglichkeit der Ablenkung und des Abdriftens. Die undefinierten Zentren in Beziehungen können demnach Chancen sein, gemeinsam zu wachsen und Inspiration in die Beziehung zu bringen. Sie beinhalten genauso die Möglichkeit, uns voneinander zu entfernen, uns schneller auf Neues und andere Menschen einzulassen oder das Gefühl zu haben, sich in diesem Bereich von anderen freimachen zu müssen.

In allen Verbindungsmodi, die es gibt, ist eine gute und offene Kommunikation gefragt, um sich miteinander verbinden zu können, um herauszufinden, wo Druck, wo Unklarheit herrscht und wo Bedürfnisse liegen – kurz, die Frage »Was brauchst du, was brauche ich?«.

Static Mode – das volle Glas, der Baumstamm

Beim Static Mode hat man in der gemeinsamen Energie alle Zentren definiert. Das bedeutet, dass in dieser Verbindung bei beiden Menschen die Persönlichkeiten und inneren Themen zum Tragen kommen. Man könnte sagen, es gibt wenig Freiraum, Dinge von außen hineinzulassen, die gemeinsame Energie ist sehr stark und präsent. Man versteht sich einfach, weil es Gemeinsamkeiten gibt. Der Static Mode besagt, dass Menschen einen sehr festgelegten gemeinsamen Weg des Miteinanders haben und etablieren, an dem meist wenig zu rütteln ist.

Hinweise auf einen Static Mode

- Sehr kraftvoll und stark durch das Leben gehen, gemeinsames Fundament haben
- Enorme Präsenz als Paar, Team, Eltern
- Wohlfühlen in der gemeinsamen Energie, die allumfassend erscheint
- Starkes Gefühl von Verbindung, Zuhause

Was im Static Mode zu beachten ist

- In der Beziehung und im Umgang miteinander kann sich eine starre Struktur zeigen, da wenig Raum für Veränderung und Neues entsteht; man gewöhnt sich an das, was ist.
- Es kann sich das Gefühl einstellen, nur das Gegenüber mache einen ganz und gäbe einem absolute Sicherheit.
- Im Static Mode sollte man darauf achten, dass sich keine Abhängigkeit durch die gemeinsame Energie ergibt.
- Es kann dazu kommen, dass man sich unvollständig fühlt, wenn der andere nicht da ist.
- Der Static Mode birgt durch die ständige Auseinandersetzung mit den inneren Themen ein großes Reibungspotenzial.
- Häufig können die Beteiligten die gemeinsame Energie schwer loslassen (zum Beispiel Elternschaft).

Deep Mode – Entfaltung und Bindung

Der Deep-Modus besagt, dass man in der gemeinsamen Energie acht Zentren definiert und ein Zentrum undefiniert hat. Dieser Modus hat einen gemeinsamen Wachstums- und Inspirationsbereich, der Fruchtbares in die Beziehung bringt. Hat man beispielsweise das Selbstzentrum undefiniert, so ist es ein Thema in der Verbindung, neue Richtungen im Leben zu entdecken und sich immer wieder gemeinsam neu aufzustellen. Ein hohes Maß an Ausprobieren, aber gleichzeitig der Stammesenergie ist hier gegeben. Das kann in Beziehungen beflügeln, da Themen von außen die gemeinsame Energie verändern und zum Entwickeln anregen. Wie im Static Mode ist das Fundament hier sehr stark, aber teilweise auch starr.

Hinweise auf einen Deep Mode

- Fundament, das aber Veränderung und Neues zulässt
- Starke Stammesenergie
- Freiraum, sich gemeinsam in einem Thema zu entwickeln, das das undefinierte Zentrum betrifft
- Innere und Verbindungsarbeit wird erleichtert, weil Einflüsse von außen einen Raum bekommen dürfen (zum Beispiel lässt man dann gemeinsam den Rat von anderen zu)

Was im Deep Mode zu beachten ist

- Das offene Zentrum kann zum Dreh- und Angelpunkt werden und das Leben der beiden Menschen maßgeblich bestimmen (hier kann Langweile aufkommen).
- Es kann sich das Gefühl einstellen, nur das Gegenüber mache einen ganz und gäbe einem absolute Sicherheit im eigenen Fundament.
- Im Deep Mode sollte man darauf achten, dass sich keine Abhängigkeit durch die gemeinsame Energie ergibt.
- Die Ablenkung von außen durch den offenen Zentrumsbereich kann zu Inspiration führen, aber auch zur Entwicklung aus der Verbindung hinaus.

- Bei der Elternschaft bietet das offene Zentrum Inspiration; Kind und Eltern können gemeinsam etwas wagen und erkunden, das Loslassen des Kindes fällt leichter.

Diversion Mode – frei verbunden

Im Diversion Mode hat man in einer Verbindung sieben Zentren definiert und zwei undefiniert. Das führt dazu, dass viele eigene Interessen im Vordergrund stehen, über die man sich aber gemeinsam austauschen kann. Der Fokus in diesem Modus liegt nicht vollständig auf der gemeinsamen Energie, sondern auch auf den Dingen, die um einen herum passieren. Hier ist ein hohes Maß an Ablenkung gegeben, da neue Dinge die gemeinsame Energie befruchten, aber auch am Stamm rütteln können. Dieser Modus erfordert ein hohes Empathievermögen für die Bedürfnisse beider in der Beziehung und zeigt, dass gegenseitige Freiräume (Hobbys, unterschiedliche Berufe, Ausleben der Talente) wichtig sind, um im Gespräch zu bleiben.

Hinweise auf einen Diversion Mode

- Geprägt von individueller Entfaltung und viel Inspiration durch individuelle Vorlieben
- Freiraum und gegenseitige Akzeptanz sind wichtig
- Enge und Kontrolle durch das Gegenüber kann innerhalb der Verbindung zu Reibung führen
- Kann sich anfühlen, als bräuchte man gelegentlich Abstand vom anderen, um die offenen Zentren zu nähren; gern ist man etwas für sich, bevor man Neues in die Verbindung trägt

Was im Diversion Mode zu beachten ist

- Hier sollte regelmäßig miteinander gesprochen werden, damit man sich nicht zu weit auseinanderentwickelt.
- Neuem in der Beziehung sollte Raum gegeben werden, beide sollten offen für Veränderungen sein.

- Man sollte sich nicht in die Enge oder gemeinsame Zeit zwingen lassen, wenn man es nicht fühlt.
- Von Vorteil sind Rückzugsräume, getrennte Lebensbereiche, ein eigenes Büro, damit Neues die Partner erreichen kann.

Buddy Mode – Freiraum als Basis

Im Buddy Mode haben zwei Menschen sechs Zentren gemeinsam definiert und drei undefiniert. Dieser Modus beschreibt den Zustand, dass man eine Person mag und wertschätzt, sie aber nicht unbedingt als Fundament im Leben braucht oder nonstop mit ihr zusammen sein möchte. Denn das kann leicht zu Überforderung und Enge führen. Im Buddy Mode funktionieren meist tiefe Freundschaften, die gegenseitig Raum geben, aber trotzdem Gemeinsamkeiten und geteilte Interessen aufweisen. Als Kollegen befindet man sich hier in einem Modus, in dem man sich gegenseitig inspirieren kann und trotzdem jeder sein eigenes Leben hat. Man trifft sich an den Punkten, wo es wichtig ist. In der Beziehung zum Kind kann sich der Buddy Mode dadurch zeigen, dass man leichter loslassen und das Kind aus der eigenen Energie entlassen kann, weil das Beziehungsfundament kein starres Konstrukt ist, sondern sich stetig entwickeln darf. Menschen im Buddy Mode können andere gut sein lassen, wie sie sind, solange sie sich frei entfalten dürfen. Achtung: Der Buddy Mode bedeutet nicht, dass man sich nicht verlieben kann! Er weist nur darauf hin, dass es mit viel Freiraum für äußere Dinge passiert.

Hinweise auf einen Buddy Mode

- Die Beziehung ist geprägt von individueller Entfaltung und Freiraum für eigene Dinge.
- Man benötigt Abstand von der gemeinsamen Energie, um sie beim Aufeinandertreffen und Zusammensein wertzuschätzen.
- Zu viel Enge und Kontrolle durch das Gegenüber kann innerhalb der Verbindung zu Reibung führen.
- Der Fokus liegt nicht zu 100 Prozent auf der Beziehung, sondern auf der eigenen Entfaltung und den eigenen Interessen, die dann aber gemeinsam besprochen und gelebt werden können.
- Zwischen Kindern und Eltern können hier sehr innige Beziehungen entstehen, die genug Freiraum zur Entfaltung beider Parteien bieten.

Was im Buddy Mode zu beachten ist

- Achte darauf, dass nicht zu viel Freiheit die Verbindung stört und ihr schadet.
- Es sollte kommuniziert werden, wenn man eine Auszeit braucht, oder man schafft sich diese gleich räumlich.
- Impulse und Ideen von außen sollten zugelassen werden; Neues darf erkundet werden (gemeinsam oder allein).
- Jeder sollte dem eigenen Ruf nach Entfaltung folgen, Partner, Kind oder Kollegen darüber informieren und diese gegebenenfalls mitnehmen und begeistern.

Free Mode – jede Menge »Luft« und Freiheit

Im Free Mode hat man in der gemeinsamen Energie fünf Zentren definiert und vier undefiniert. Dieser Modus bringt es mit sich, dass eine Menge »Luft« und Freiheit in der Verbindung liegen und weniger Gemeinsamkeiten oder weniger gemeinsame Energie als in anderen Modi vorhanden ist. Allerdings kann diese Form der freien Verbindung sehr inspirierend sein und auf ein Abenteuer hindeuten. Oft begegnen sich Menschen in diesem Modus, die sich kurzzeitig im Leben begleiten, um sich zu inspirieren. Die Offenheit in der Verbindung lässt es zu, dass ein Fundament entsteht, auf das beide bauen können, trotz Freiheit in der Energie. Eltern beispielsweise, die sich mit ihren Kindern im Free Mode befinden, fällt es leicht, in dieser Beziehung ständig Neues einzustreuen, zu etablieren und gemeinsam auszuprobieren. Eine solche Beziehung ist davon geprägt, dass sich zwei Menschen völlig entfalten wollen, aber trotzdem die Verbindung miteinander genießen. Beide benötigen jedoch unbedingt Freiräume, da die gemeinsame Fundamentenergie nicht allumfassend wichtig ist für diese Form der Beziehung.

Hinweise auf einen Free Mode

- Die gemeinsame Energie ist geprägt von Freiheit und Unabhängigkeit.
- Starres Aneinanderbinden oder Festhalten wird keinen Raum zur Entfaltung geben.
- Gegenseitige Inspiration ist an der Tagesordnung und darf voll zugelassen werden.
- Die Verbindung darf neuen Konzepten entsprechen und muss keinen starren Namen bekommen; wichtig ist, dass man sich einig ist.
- Die gemeinsame Energie kann sehr wertschätzend sein und beflügeln, wenn man nur punktuell im Leben aufeinandertrifft.

Was im Free Mode zu beachten ist

- Die »Fluffigkeit« der Beziehung kann dazu führen, dass das Fundament bröckelt und man sich nur kurzfristig im Leben begleitet.
- Bei zu viel Enge bricht meist einer aus der Beziehung aus.
- Dem jeweils anderen sollte Freiraum gegeben werden; statische Wohn- und Beziehungskonzepte sollten überdacht werden.

Die Kanalarten in Beziehungen

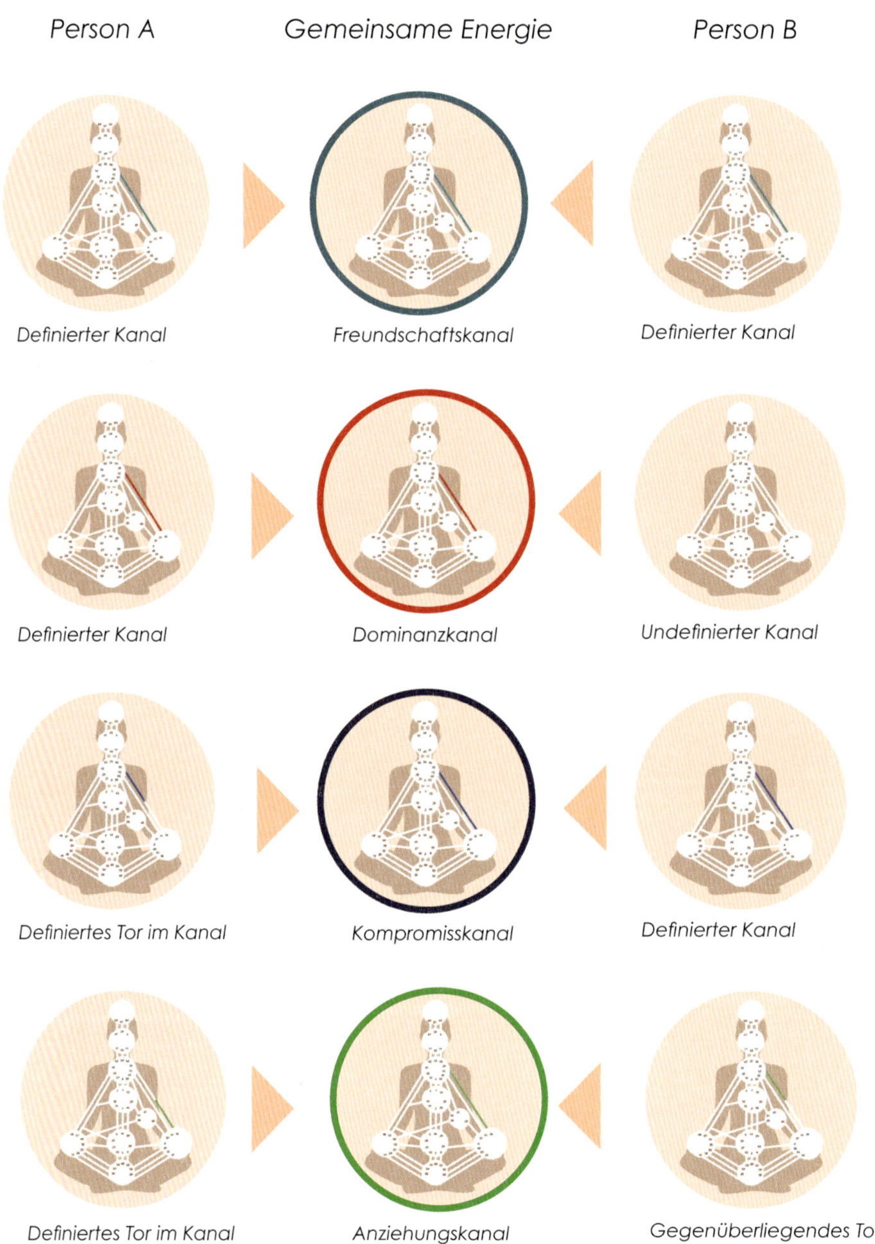

Freundschaftskanäle – I trust you

Ein Freundschaftskanal kann ebenfalls jeder Kanal im Chart sein. In diesem Fall haben beide Personen denselben Kanal definiert. Diese Definition ist sehr harmonisch, da beide Personen die jeweilige Energie kennen und sich dadurch im Gegenüber erkennen und wiederfinden. Freundschaftskanäle sind eine Art unsichtbare Bindung, die nicht zu Reibung, sondern eher zu Telepathie und Zusammengehörigkeit führt.

- Jeder Kanal im Chart kann ein Freundschaftskanal sein.
- Person A hat den Kanal voll definiert.
- Person B hat den Kanal voll definiert.
- Gemeinsame Energie: Der Kanal ist voll definiert.

Was beide Personen beachten sollten

Freundschaftskanäle sind zum Genießen und völligen Ausleben da. Innerhalb dieses Kanals ist es aber auch möglich, Reibung zu erfahren, wenn die Menschen die Energie nicht beide gleich ausleben. Der Rahmen des Kanals ermöglicht hier jedoch immer Verständnis, Nähe, Augenhöhe und Mitgefühl für den anderen. Ein Freundschaftskanal kann das ideale Fundament sein, um gemeinsam Dinge aufzubauen, zum Beispiel als Eltern oder beruflich. Großes Vertrauen und eine unsichtbare Bindung liegen in diesem Kanal vor, der es ermöglicht, sich mit dem Gegenüber frei zu entwickeln.

Das Potenzial der Freundschaftskanäle

- Freude an Gemeinsamkeiten oder gemeinsamen Unternehmungen
- Hinsichtlich des Kanalthemas Begeisterung für dieselben Dinge
- Blindes Vertrauen und Zusammengehörigkeit
- Gefühl des Kennens und Vertrauens

Dominanzkanäle – Teach me

Ein Dominanzkanal kann ebenfalls jeder Kanal im Chart sein. Es geht in dieser Definition darum, dass nur eine Person einen Kanal definiert hat, während die andere Person diesen Bereich nicht definiert hat. In der gemeinsamen Energie zum Beispiel als Paar haben aber beide Personen dauerhaft Zugang zu dieser Kanalenergie. Beim Dominanzkanal geht es weniger um echte Dominanz als vielmehr um eine präsente Energie, die in diesem speziellen Fall eben nur eine Person vollumfänglich hat und mitbringt, während die andere Person diese Energie spüren und von ihr lernen darf.

- Jeder Kanal im Chart kann ein Dominanzkanal sein.
- Person A hat den Kanal voll definiert.
- Person B hat den Kanal undefiniert.
- Gemeinsame Energie: Der Kanal ist voll definiert.

Was die Person, die den Kanal nicht mitbringt, beachten sollte

Diese Energiequalität ist ein besonderer Lernbereich in der gemeinsamen Beziehung. Es kann sich »unsicher« anfühlen, in dem Kanalthema zu agieren und die Energie zu spüren, wenn man diese Energie nicht als Stamm mitbringt. Hier gilt es, sich einzulassen und vom Gegenüber zu lernen. Die gemeinsame Energie ist ein Experimentierfeld für das Thema des Kanals. Hier kann man im geschützten Rahmen der Beziehung diese Energie kennen- und verstehen lernen. Lerne also von deinem Gegenüber und beobachte, wie es die Energie im Leben einsetzt.

Was die Person, die den Kanal mitbringt, beachten sollte

Dieser Kanal gehört zur Stammenergie der Person. Das bedeutet, dass sie diese Energie in ihrer Persönlichkeit gut kennt und im Thema des Kanals sicher und stabil ist. Sie trägt die Energie natürlich in sich und somit nach außen und darf darauf achten, dass sie in der Gabe ausgelebt wird. Mach dir als diese Person bewusst, dass du mit der Energie dominierst – aber nicht, um zu unterdrücken, sondern um ein guter Lehrmeister zu sein. Hier sind die innere Arbeit und deine Reflexion wichtig, um die Kanalenergie so auszuleben, dass sie deinem höchsten Wohl entspricht. So lernt dein Gegenüber am besten von dir. Befasse dich also mit der Energie des Kanals, mit seiner Gabe und mit seinem Schattenthema und prüfe, wie du die Energie auslebst.

Achtung, Abhängigkeitsgefahr

Je nach Thema können Dominanzkanäle zu einer starken Abhängigkeit bei der Person führen, die den Kanal nicht definiert hat. Es kann sich ein Gefühl von Leere, Unvollständigkeit und Suche einstellen, wenn das Gegenüber nicht in der Nähe ist. Auch neigt man dazu, sich Partner, Freunde oder Kollegen zu suchen, die denselben Kanal definiert haben, wie zum Beispiel den Expartner oder die eigenen Eltern, da man mit dieser Energie bereits vertraut ist. Bei einer Trennung kann sich das sogar sehr schmerzhaft anfühlen, weil ein gesamter Energiekanal plötzlich wegbricht und man das Gefühl hat, ohne die andere Person nicht vollständig zu sein. In der Elternschaft merken Eltern und Kinder diese Dynamik im Loslösungsprozess oder beim Auszug der Kinder stark, denn plötzlich verändert sich die eigene Energie zunehmend und es entsteht eine Leere.

Das Potenzial der Dominanzkanäle

- Lehrer-Schüler-Dynamik, die sich im Wechsel und auf Augenhöhe etablieren darf
- Gemeinsames Forschen und Entwickeln
- Eigene Vollständigkeit erkennen

Kompromisskanäle – Triggeralarm

Ein Kompromisskanal kann ebenfalls jeder Kanal im Chart sein. Er entsteht, wenn eine Person einen vollständigen Kanal definiert hat und das Gegenüber nur ein Tor des Kanals aktiviert hat. Hier hat die Person mit dem definierten Kanal dauerhaft Zugang zur Kanalenergie, während die Person mit dem definierten Tor einen Teil der Kanalenergie spürt. Es entstehen zwangsläufig Kompromisse, da die Person mit dem definierten Tor nach Vollständigkeit strebt und die eigenen Empfindungen im Rahmen der Beziehung kontrovers zur Diskussion stellt.

- Jeder Kanal im Chart kann ein Kompromisskanal sein.
- Person A hat den Kanal voll definiert.

- Person B hat nur ein Tor des Kanals definiert.
- Gemeinsame Energie: Der Kanal ist voll definiert.

Was die Person, die das Tor definiert mitbringt, beachten sollte

Das Bestreben dieser Person ist es, die vollständige Kanalenergie nutzen und fühlen zu lernen. Sie bringt dabei eigene Sicht- und Fühlweisen in die Beziehung ein, was oftmals zu Kompromissen mit dem Gegenüber führt, das die gesamte Kanalenergie zur Verfügung hat. Diese Person neigt dazu, den Kanal schließen zu wollen, und fühlt sich von Menschen angezogen, die das fehlende Tor definiert haben.

Was die Person, die den Kanal mitbringt, beachten sollte

Diese Person hat die Energie als Stammenergie dauerhaft zur Verfügung und darf genau schauen, ob der Kanal bereits in der Gabe ausgelebt wird. Sie wird vom Gegenüber, das versucht, »frischen Wind« in die bestehende oder konditionierte Kanalenergie zu geben, und natürlich Fragen stellt, oft getriggert werden. Diese Person ist hier aufgefordert, Lehrer zu sein, der bei sich anfängt und die Dinge weitergibt und lebt.

Lernaufgabe für beide

Für beide Personen ist diese Kombination des Kanals ein Lernbereich. Die Person mit dem vollständig definierten Kanal wird aufgefordert, ihn in der Gabe zu nutzen, und erfährt dadurch Trigger, Ideen und Impulse von der Person, die nur die Torenergie definiert hat. Aufgabe beider ist das Eingehen von Kompromissen und das beidseitige Erforschen der Kanalenergie innerhalb der Beziehung. Kommunikation ist bei Kompromisskanälen das A und O, um herauszufinden, welche gemeinsame Energie im Potenzial genutzt werden will. Auch das hängt maßgeblich vom Thema des Kanals ab.

Das Potenzial der Kompromisskanäle

- Tor- und Kanalthema in die Gabe »triggern«
- Durch Eingehen von Kompromissen lernen
- Weichheit und Offenheit für die Person mit definiertem Kanal
- Gegenseitiges Lehren der Energie

Anziehungskanäle – Love, love, love

Anziehungskanäle können alle Kanäle im Chart sein. Sie entstehen, wenn sich durch die Beziehung zweier Menschen zwei Tore zu einem Kanal verbinden. Das bedeutet, dass die Personen jeweils ein Tor in der Definition mitbringen und diese sich in der gemeinsamen Energie zu einem Kanal zusammenschließen – klingt magisch und wirkt so auf uns Menschen. Durch einen neu geschaffenen Kanal in der gemeinsamen Energie ist eine gegenseitige Anziehung da, die sich anfühlen kann, als vervollständige der andere einen. Man findet gemeinsam Lösungen, auf die man allein nicht gekommen wäre, und fühlt sich zusammengehörig. Man ist angetan und inspiriert vom Gegenüber. Es ist eine Art Entdeckungsbereich, der gemeinsam begangen wird, was zu Schmetterlingen im Bauch und Abenteuerlust führen kann.

- Jeder Kanal im Chart kann ein Anziehungskanal sein.
- Person A hat ein Tor definiert.
- Person B hat das gegenüberliegende Tor definiert.
- Gemeinsame Energie: Die Tore schließen sich zum Kanal zusammen.

Unerwartete Talente

Anziehungskanäle können in der gemeinsamen Energie Gaben und Talente freisetzen, die man allein nicht hat. Das bedeutet beispielsweise, dass man in der Energie des anderen freier und leichter sprechen kann oder dass auf einmal ein Rhythmusgefühl im musischen Bereich da ist. Es kann auch bedeuten, dass der Sex mit genau dieser einen Person bombastisch ist und du ihn mit keiner anderen Person jemals wieder so erleben wirst. Anziehungskanäle dürfen genutzt werden, um sich selbst zu erforschen. Gerade in der Eltern-Kind-Beziehung setzt so manches Kind eine Gabe bei den Eltern frei, wenn es auf die Welt kommt. Kollegen mit Anziehungskanälen verlieben sich nicht gleich, haben aber enormen Erfolg, wenn sie gemeinsam Projekte gestalten. Hat man einen Anziehungskanal mit einer anderen Person, darf man sich in dieser Konstellation neu entdecken. Wenn Menschen aufeinandertreffen, bei denen sich zwei Tore zum Kanal definieren, ist das oft sehr erhebend und beschwingend, sowohl in Freundschaften als auch in anderen Beziehungen. Anziehungskanäle beleben. Dennoch sollte man hin und wieder Zeit allein, in der eigenen Energie verbringen, auch wenn man die andere Person am liebsten 24 Stunden am Tag um sich hätte.

Die Energie von Anziehungskanälen ist endlich. Es kann durchaus passieren, dass eine Anziehung erlischt, wenn beide das Thema miteinander zur Gänze erkundet oder bereits in die Gabe entwickelt haben. An diesem Punkt darf man akzeptieren, dass sich eine jahrelange Anziehung verändern kann.

Das Potenzial der Anziehungskanäle

- Mit dieser Person ist gefühlt alles möglich
- Man entdeckt sich selbst neu
- Gaben und Talente werden bis zum gemeinsamen Erfolg entfaltet
- Das Gefühl, durch diese Person neugeboren zu sein

Exkurs: Sex-Schaltkreise

Sex, Liebe, Zusammengehörigkeit – Themen, die uns im Leben beschäftigen, weil wir als Menschen nach Verbindung streben und als Säugetiere (das sind wir nun einmal) nach körperlicher Vereinigung. Dieses Kapitel hätte fast ein eigenes Buch verdient; gleichzeitig finde ich es schwierig, das Thema in Worte zu fassen, denn: Liebe fühlt sich für jeden anders an, genau wie Sex. Woher weißt du, dass dein Gegenüber die Farbe Rot in der gleichen Weise sieht wie du? Oder was ein anderer Mensch mit Liebe assoziiert? Das wissen wir nicht, jeder sieht durch seine Brille, fühlt mit seinem (mitunter verwundeten) Herzen. Dieser Bereich ist für mich ein Fühlbereich, der sich schwer in Kategorien wie Tore, Kanäle und dergleichen einteilen lässt. Denn Liebe, Hochgefühl und Anziehung sind so viel mehr als das. Bitte analysiere deine Gefühle nicht kaputt, sondern fühle. Kein Tor der Welt kann dir sagen, was du im Körper fühlst, das kannst du nur mit deinem Herzen wahrnehmen. Gib dir trotz aller Human-Design-Hinweise und -Definitionen den Raum, Liebe und Sex für dich zu erfahren, wie du sie spürst, und ermächtige dich, es zu tun. Dein Chart soll dich nicht definieren, es soll dir einen Zugang zu deiner Fühlwelt ermöglichen.

Du erhältst in diesem Kapitel einen Überblick über die Sex-Streams im Human Design und deren übergeordnete Bedeutung für unsere eigene Sexualität und die mit einem oder mehreren anderen Menschen.

Die Schaltkreise im Human Design

Schaltkreise im Human Design sind die Verbindungen mehrerer Kanäle zu einer Art Energieautobahn. In diesem Kapitel beleuchte ich nur die Sex-Schaltkreise, die in Beziehungsdynamiken wichtig sind. Wie du der Abbildung unten entnehmen kannst, verbinden sich hier mindestens zwei Kanäle und insgesamt vier Tore zu einem Stream, einem größeren Energiestrang. Diese können wunderbar mit den Meridianen, die wir im Körper haben, in Verbindung gesetzt werden. Es gibt im Human Design folgende »Sex-Meridiane«, die alle eine unterschiedliche Qualität mitbringen:

- Kollektiver Sex-Stream
- Stamm-Sex-Stream
- Individueller Sex-Stream
- Reproduktionskanal (Besonderheit)

Sieh in deinem Chart nach, welchen Kanal zu welchem Stream du definiert hast, dann kannst du direkt eintauchen in die Besonderheiten dieser Energie. Wichtig: Auch wenn du nur einen Kanal des Streams aktiviert hast, ist die Energie des Sex-Meridians prägend für dein System. Du wirst vermutlich dann das passende Gegenüber sehr anziehend finden, das den anderen Kanal mitbringt.

Wenn du das Composite-Chart von dir und einem (Sex-)Partner hast, siehst du, welchen großen Sex-Stream ihr gemeinsam definiert habt. Daraus kann man »eure Art« der Sexualität ableiten, was ihr miteinander entdecken wollt und könnt und welche Abenteuer und Neigungen darin liegen. Sehr spannend ist, dass in der gemeinsamen Energie oft andere Dinge eine Rolle spielen können als allein; zum Beispiel kann das Verlangen nach Fortpflanzung und Reproduktion enorm stark präsent werden, obwohl du bisher keinen Gedanken daran verschwendet hast. Die Partnerschafts-Sex-Streams sind wie eine kleine Überraschungskiste: Sie zeigen euch, was da in eurer gemeinsamen Energie schlummert, und ermächtigen euch, diese Dinge auszuprobieren. Achte bitte darauf, in welcher Konstellation ein Sex-Stream entsteht, also wer aus seiner Energie was mitbringt.

Kollektiver Sex-Stream – Erfahrung im Wir

Der kollektive Sex-Stream steht für etwas Größeres, Übergeordnetes. Mit diesem Stream hat Sex auf keinen Fall eine reine Fortpflanzungsfunktion, sondern dient der Verschmelzung und der Selbsterfahrung mit sich, einem Partner oder mehre-

Sex-Streams im Human Design

Kollektiver Sex-Stream

Kanal: 41-30, Kanal des Verlangens, der Bedürfnisse
Kanal: 35-36, Kanal des sexuellen Abenteuers

Individueller Sex-Stream

Kanal: 39-55, Kanal der Befriedigung
Kanal: 12-22, Kanal der Vereinigung

Stammes-Sex-Stream

Kanal: 19-49, Kanal der Ehepartner
Kanal: 37-40, Kanal der Verträge

Reproduktionskanal

Kanal: 6-59, Kanal der Verbindung

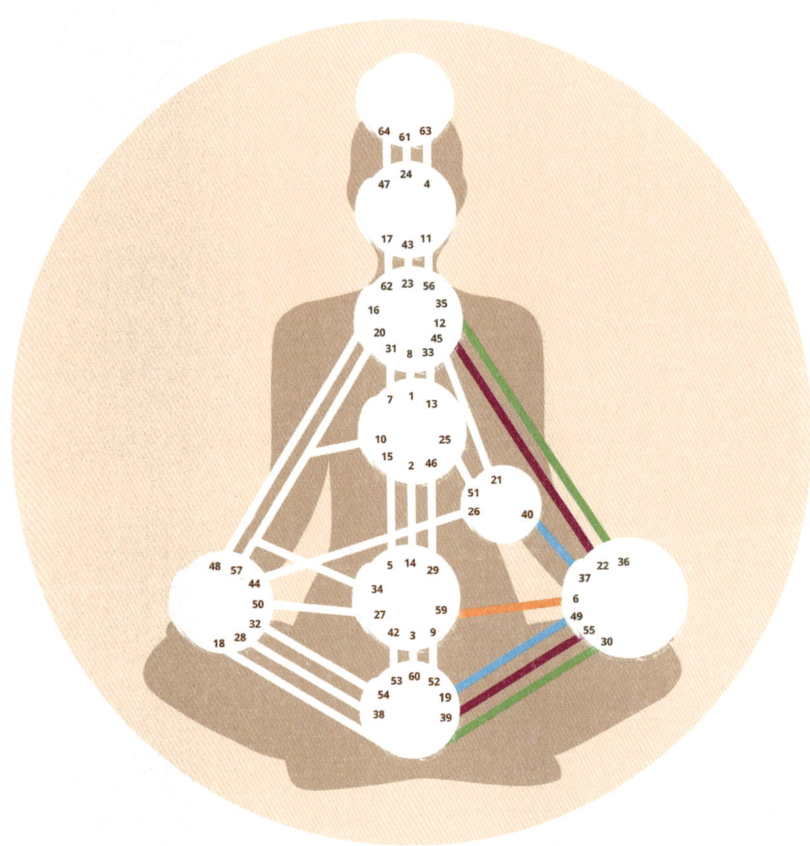

ren Menschen. Menschen, die einen kollektiven Sex-Stream haben, verlangen, Sex zu erforschen, und zwar sowohl den Solosex mit sich als auch die vielen Arten und Möglichkeiten der Verbindung. Sex ist hier nicht nur »rein, raus«, sondern auch Berührung, Gesehenwerden, wilde Praktiken, Dynamiken. In Beziehungen stellt der kollektive Sex-Stream einen immensen Teil der Verbindung dar und darf vor allem nicht »einschlafen«. Einige treffende Begriffe für den kollektiven Sex-Stream sind die folgenden:

- Die Erfahrung im Wir vor dem Ich und der Fortpflanzung
- New-Age-Sex, Tantra, Solosex, Polyamorie
- Schamanisches Beziehungsrad
- Kein klassisches Lebens- oder Partnermodell
- Hingabe, Erfahrung von Verbindung durch Sex
- Affären, Sex in allen Varianten erleben und auskosten
- Sex mit verschiedensten Menschen/Geschlechtern an den unterschiedlichsten Orten

Zugeordnete Kanäle:
Kanal 41–30, Kanal des Verlangens, der Bedürfnisse
Kanal6–59,36, Kanal des sexuellen Abenteuers

Stammes-Sex-Stream – Fortpflanzung und Stammessicherung

Der Stammes-Sex-Stream steht für den Stammeserhalt, die Familie, die Fortpflanzung als solche. In diesem Stream finden wir das klassische Bild von Ehe, Partnerschaft und Sex sowie das Thema Treue und Loyalität zum Partner. Der Stammeserhalt und das Umsorgen des anderen, das Umsorgen der Familie, haben den höchsten Stellenwert. Menschen oder Paare mit diesem Stream haben weniger stark ausgeprägte Neigungen, sich und den Sex in der Gänze erforschen zu müssen. Für sie ist es wichtig, ein Fundament zu bekommen. Der Sex ist dabei ein Verbindungsglied zwischen zwei Menschen. In diesem Kanal können sich Versprechen, Eide und Verträge finden, die den Sex oder die Fortpflanzung betreffen. Der Stream erklärt, warum Frauen Kinder kriegen wollen und sich ohne Partner mit einem Samenspender behelfen: Ihr Fokus ist der Stammeserhalt. Einige treffende Begriffe für den Stamm-Sex-Stream sind:

- Fortpflanzung und Sicherung des Stammes vor dem Ich und dem Wir
- Verbreitung des eigenen Samens, Zeigen der Fruchtbarkeit
- Exklusivrecht oder Wunsch nach sexueller Treue des Partners
- Sex als Dienstleistung (mit Verträgen), Sex als Sicherheits- und Liebesbeweis
- Sexuelle Verbindung als Zeichen der Zusammengehörigkeit, Ehe
- Sex, um das Gegenüber zu befriedigen
- Loyalität, feste Sexpartner, Abneigung gegen Untreue und Polyamorie

Zugeordnete Kanäle:
Kanal 19–49, Kanal der Ehepartner
Kanal 37–40, Kanal der Verträge, Eide, Abmachungen

Individueller Sex-Stream –Erfahrung im Ich

Beim individuellen Sex-Stream geht es primär darum, dass ich mich durch Sexualität erkenne, erlebe und immer weiter öffne. Sexualität ist im individuellen Stream ein Portal, um sich kennenzulernen, auf jegliche Art und Weise. Das klingt etwas egoistisch, ist es aber nicht. Für diese Menschen sind Berührung und das Fallenlassen in die Sexualität ein Zugang zu sich. Es geht darum, was guttut (oft in der Solosexualität, der Selbstbefriedigung), sowie darum, den eigenen Körper zu spüren und wahrzunehmen. Diese Hingabe an sich selbst und somit das Gegenüber kann sehr romantisch, tiefgründig und intensiv sein. Wenn zwei Menschen mit individuellem Sex-Stream aufeinandertreffen oder ihn sich definieren, beginnt eine Forschungsreise, ein Tanz für beide. Dabei geht es immer um Intimität und einen sehr gefühlvollen Austausch, auch körperlich. Einige Begriffe für den individuellen Sex-Stream sind die folgenden:

- Das Ich steht vor dem Wir und der Fortpflanzung
- Intimität mit sich selbst, Selbsterfahrung durch Solosex
- Intensive Praktiken (wie Tantra)
- Romantik, Sensitivität, Sex als stundenlanges Lustspiel
- Ästhetik, Schönheit, Natürlichkeit des Körpers
- Entdecken des eigenen Körpers und Fühlen der emotionalen Verbindung

Zugeordnete Kanäle:
Kanal 39–55, Kanal der Befriedigung
Kanal 12–22, Kanal des Rhythmus, der Vereinigung, des Tanzes

Reproduktionskanal – animalische Partnerwahl

Dieser Kanal ist nicht direkt ein Stream, eher ein kleiner Sonderling; er soll der Vollständigkeit halber aber trotzdem hier aufgeführt werden. Mit ihm – egal, ob du ihn allein oder mit einem Gegenüber definiert hast – weißt du genau, wen oder was du willst. Du bist sehr selektiv, wenn es um Partner oder Sexpartner geht. In erster Linie geht es um die Vitalität und Kompatibilität des Gegenübers, um sich zu reproduzieren, fortzupflanzen, einen Samen zu setzen. Unbewusst stellen sich folgende Fragen: Ist das Gegenüber gesund? Kann es die Gene weitergeben, die einen starken, überlebensfähigen Nachwuchs hervorbringen? Bewusst haben Menschen mit diesem Kanal *einen* Typ Mann oder Frau, zu dem sie sich hingezogen fühlen. Mit diesem Kanal spielen die eigenen Sinne eine wichtige Rolle, denn die Partnerwahl läuft hier »animalisch« ab, so, wie Säugetiere es machen. Geruch, Körpersprache, Hautbild, Größe et cetera sind wichtige Faktoren, die über den Partner und/oder Sexpartner entscheiden.

In der Beziehungsanalyse von Sabine und Uwe (siehe ab Seite 197) findest du auch die Sex-Streams, Kanalarten und Sexbetonungen, die für eine Partnerschaft wichtig sind.

Merkur

Venus

Mars

PLANETEN-SCHLÜSSEL: KOMMUNIKATION UND SEXUALITÄT

Schlüssel für Beziehungen – Planetenaktivierungen im Tierkreis

In diesem Kapitel möchte ich dir noch einige »Planetenschlüssel« für Beziehungen vorstellen, die dir individuell Hinweise auf Kommunikation und Sexualität sowie Weiblichkeit und Männlichkeit für dich und dein Gegenüber geben. Ich habe mir dafür die Unterstützung der Astrologin Marie Murariu geholt. Bitte beachte, dass dies nur ein Bruchteil der Faktoren ist, die wichtig für unsere Beziehungen und unsere Aktivierungen sind, und dass immer ein Gesamtblick auf dein Chart oder Horoskop entscheidend ist. In diesem Kapitel haben wir folgende Planeten zur näheren Betrachtung ausgewählt:

- **Venus –** Liebe, Schönheit, Weiblichkeit, Genuss, Sinnlichkeit, Yin
- **Mars –** Sexualität, Kampf, Yang
- **Merkur –** Kommunikation, Kollaboration, Information, Austausch

Das Symbol der Planeten findest du in deinem regulären Human-Design-Chart oder -Mandala. Der jeweilige Planet steht immer in einem bestimmten Tierkreiszeichen und in einem Tor; zum Beispiel steht bei mir die Venus im Widder im Tor 17. Im Mandala siehst du das auf einen Blick (siehe Abbildung Seite 92).

Hast du kein Mandala zur Hand, kannst du dein normales Chart nehmen. Denn hier steht das Planetensymbol und zugehörige Tor rechts/links vom Chart. Wenn du weißt, welches Tor im Mars aktiviert ist, kannst du die Nachschlagetabelle auf der Umschlagseite nutzen, um herauszufinden, in welchem Tierkreiszeichen der Planet für dich steht. Wenn du das weißt, kannst du auf den Folgeseiten nachlesen, womit du in Resonanz gehst. Happy Deep Diving!

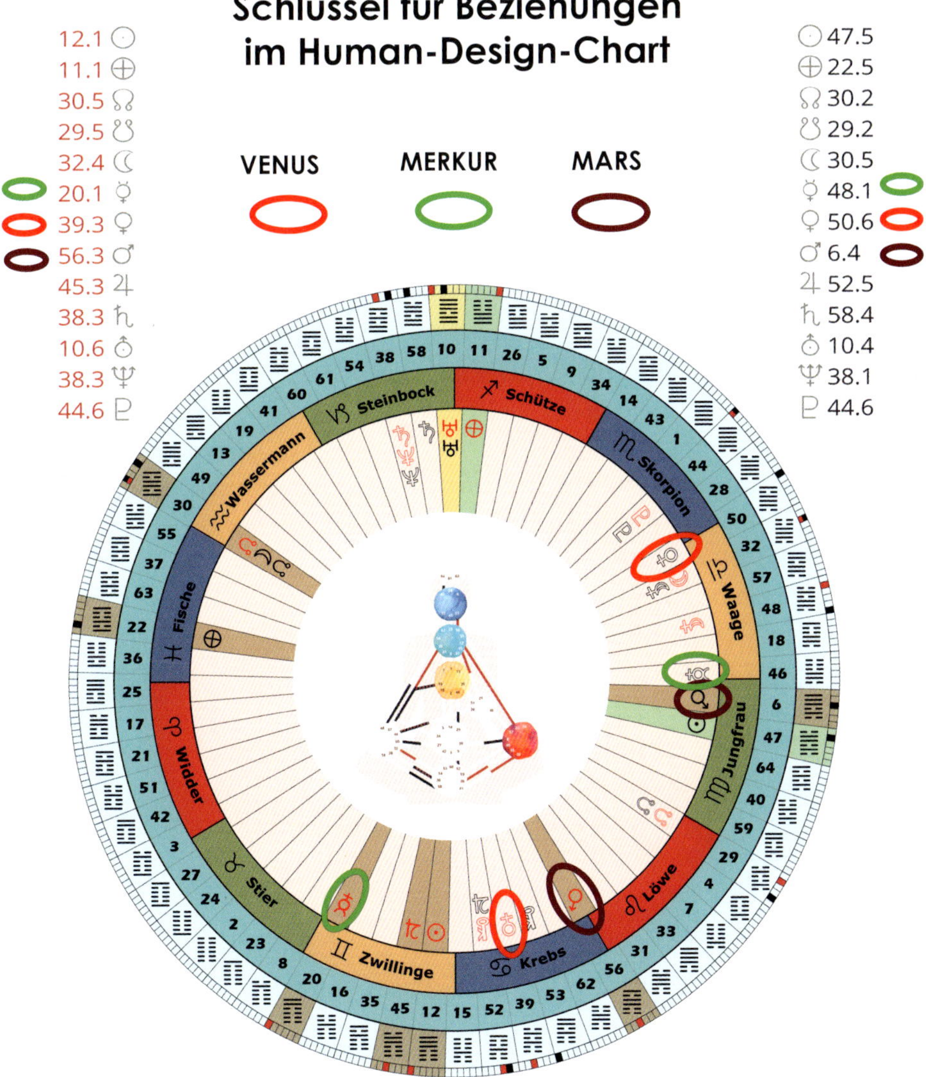

Ableitungen der Planetenpositionen und zugehörigen Tierkreise:

Venusposition: Tor 39 = Krebs (unbewusst)
Tor 50 = Waage (bewusst)

Merkurposition: Tor 20 = Zwillinge (unbewusst)
Tor 46 = Waage (bewusst)

Marsposition: Tor 56 = Krebs (unbewusst)
Tor 6 = Jungfrau (bewusst)

Venus: Yin-Energie, Liebe, Schönheit, Anmut

Symbol: ♀
Stichwörter: Liebe, Schönheit, Weiblichkeit, Genuss, Kunst, Sinnlichkeit, Geld

Die Venus ist neben dem Mond der hellste Himmelskörper am nächtlichen Firmament. Sie ist der Planet der Liebe, der Schönheit, der Weiblichkeit, der Kunst, der Musik, der Yin-Energie, der Kreativität, der femininen Lebenskraft, der Fruchtbarkeit, der Attraktivität und des Genusses. Sie zeigt uns, auf welche Art wir lieben, wie wir uns kleiden, welche Vorlieben wir bei Ästhetik, Inneneinrichtung und Design haben. Was und vor allem wie du im Leben liebst, findest du in der Stellung deiner Venus. Auch die Themen Geld und Werte werden von der Venus beeinflusst.

Lass dich von Venus inspirieren, deine kreative und schöngeistige Seite auszuleben. Verbinde dich mit diesem Archetyp, indem du dir bewusst Zeit nimmst, deine Schönheit zu pflegen oder dich sinnlichen Genüssen hinzugeben. Schenk dir frische Blumen, verwöhne dich. Mach einen Tanzkurs oder bewege dich einfach intuitiv. Nimm dir Zeit, um dich auf einer sinnlichen Ebene mit dir zu verbinden, zum Beispiel bei Self-Pleasuring Sessions mit einem Rosenquarzstab oder einer ausgedehnten Brustmassage mit Rosenöl. Die Venus liebt die Selbstfürsorge – Friseurtermine, Saunabesuche und Massagen sind eine wundervolle Möglichkeit, die Venusenergie in dir zu kultivieren.

Auch als Mann oder wenn du dich eher der maskulinen Polarität zugehörig fühlst, hast du Venusqualitäten in dir und darfst diesen Archetyp in dein Leben integrieren. Hier zeigen sich in der Venusposition die Ansprüche, die du an eine potenzielle Partnerin stellst.

Tierkreis	Kurzbeschreibung
♀ ♈ Venus im Widder **DIE JÄGERIN**	**Romantik:** Aktiv erobern statt erobert werden, liebt Herausforderungen, hat Spaß an der Jagd und flirtet offensiv **Ästhetik:** Hauptsache, nicht spießig, extravagant **Motto:** If it's easy, it's boring. **Selbstfürsorge:** Extremsportarten, Sauna mit Eisbad, Kampfsport
♀ ♉ Venus im Stier **DIE SINNLICHE**	**Romantik:** Faible für sinnliche Genüsse aller Art (ausgedehntes Dinieren, Liebemachen, Düfte …), Lust wird um ihrer selbst willen zelebriert **Ästhetik:** Stilvoll und luxuriös **Motto:** Keine Eile beim Genuss! **Selbstfürsorge:** Shopping, am besten mit allen Sinnen, Spa-Besuche
♀ ♊ Venus in den Zwillingen **DIE INTELLEKTUELLE**	**Romantik:** Durch Worte und Sprache, sucht abwechslungsreiche mentale Stimulation, Austausch und Gespräche, Humor und Poesie **Ästhetik:** Gelungene Kombination aus verschiedenen Stilrichtungen **Motto:** Bloß keine Eintönigkeit **Selbstfürsorge:** Ausprobieren und Lernen von Neuem, romantische Gedichte und sinnliche Geschichten, Abwechslung in der Routine
♀ ♋ Venus im Krebs **DIE NÄHRENDE**	**Romantik:** Sucht tiefe familiäre Verbindung, Nestbau, Errichten eines gemeinsamen Fundaments **Ästhetik:** Romantisch und gemütlich, ein schön eingerichtetes Zuhause ist wichtig **Motto:** Tief tauchen statt Oberflächlichkeit **Selbstfürsorge:** Durch Grenzen setzen und alles, was mit dem Wasserelement zu tun hat – Spa, Thermalbad

Tierkreis	Kurzbeschreibung
♀ ♌ Venus im Löwen **DIE DIVA**	**Romantik:** Fordert viel Aufmerksamkeit und Loyalität, ist warmherzig, großzügig, selbstbewusst, etwas eitel; ein potenzielles Match muss sich zuerst als würdig erweisen, bevor sie Feuer und Flamme für ihr Gegenüber ist, dann aber heißt es: All in! **Ästhetik:** Extravagant, Kleopatra-Vibe, liebt Luxus, gern mal ein wenig mehr von allem **Motto:** Für mich nur das Beste! **Selbstfürsorge:** Alles, was mit den Haaren zu tun hat – die Mähne ist ja schließlich das Wichtigste am Löwen
♀ ♍ Venus in der Jungfrau **DIE KRITISCHE**	**Romantik:** Überlegt sich sehr genau, mit wem sie sich einlässt, eher analytisch und rational statt emotionsgeleitet, dennoch: Jungfrauen sind wild – manchmal muss nur ein winziges Detail passen, und sie gibt alles; drückt ihre Liebe über Gesten und Hilfsbereitschaft statt über große Liebeserklärungen aus **Ästhetik:** Klare Farb- und Formensprache; in der Regel sehr gepflegt **Motto:** Drum prüfe, wer sich ewig bindet **Selbstfürsorge:** Aufräumen und aussortieren, ausgedehnte Waldspaziergänge, am besten allein
♀ ♎ Venus in der Waage **DIE ÄSTHETIN**	**Romantik:** Lebt für und in Beziehungen, flirtet leidenschaftlich, braucht für ein glückliches Herz Harmonie, Ästhetik und Anerkennung **Ästhetik:** Exklusiv, feminin und verspielt, trotzdem nicht kitschig; liebt die schönen Dinge im Leben und hat einen tollen Stil **Motto:** Zusammen ist man weniger allein **Selbstfürsorge:** Alles, was sie (noch) schöner macht – Besuche im Beautysalon, Spa, Massagen

Tierkreis	Kurzbeschreibung
♀ ♏ Venus im Skorpion **DER VAMP**	**Romantik:** Intensiv, leidenschaftlich, verführerisch, emotional; zunächst oft distanziert – ist sie aber interessiert, gibt es kein Halten mehr **Ästhetik:** Generell eher dunkle Farben, Samt, Leder, Seide **Motto:** Ganz oder gar nicht, ride or die **Selbstfürsorge:** Alles, was an der Grenze zum Tabu steht – Poledance, Shibari, Piercings, Tattoos –, und alles, was das Wasserelement beinhaltet, zum Beispiel Apnoetauchen oder verregnete Spaziergänge auf dem Friedhof
♀ ♐ Venus im Schützen **DIE ABENTEURERIN**	**Romantik:** Liebt vor allem eines: Freiheit; damit die Liebe blühen kann, braucht sie genug Raum für sich; Reisende, auf der Suche nach den großen Wahrheiten, nach Expansion auf philosophischer Ebene; strebt nach neuen Entdeckungen und Eroberungen **Ästhetik:** Extravagant – bloß nichts Gewöhnliches! **Motto:** Hoch lebe die Freiheit! **Selbstfürsorge:** Gern mit etwas Adrenalin, Rucksacktouren in einsame Gegenden, Fallschirmspringen, Bungee-Jumping
♀ ♑ Venus im Steinbock **DIE BESTÄNDIGE**	**Romantik:** Durch Selbstbewusstsein und Unabhängigkeit hohe Standards; will ein funktionierendes System in der Liebe; man gewinnt sie durch Verlässlichkeit und Beständigkeit statt mit Kitsch; braucht Zeit, bis sie sich wirklich auf jemanden einlässt – dann aber dauerhaft **Ästhetik:** Liebt Luxus, weniger Glitter als zeitlose Klassiker, schnörkellos und von höchster Qualität **Motto:** Ganz oder gar nicht **Selbstfürsorge:** Spa-Tage, handgefertigte Mode und Einrichtung, Zahnreinigung und Bleaching

Tierkreis	Kurzbeschreibung
♀ ♒ Venus im Wassermann **DIE GEFÄHRTIN**	**Romantik:** Unkonventionell, freundschaftlich, freiheitsliebend; braucht viel Freiraum und eine freundschaftliche Verbindung als Basis der romantischen Beziehung, sucht Abwechslung – vielleicht in nicht monogamen Beziehungen **Ästhetik:** Originell und fernab von Konventionen, avantgardistisch **Motto:** Eccentricity is my superpower. **Selbstfürsorge:** Alles, außer gewöhnlich – Cosplay Events, Fallschirmspringen, Hamam-Besuche
♀ ♓ Venus in den Fischen **DIE ROMANTIKERIN**	**Romantik:** Sucht nach Verschmelzung und Transzendenz in der Liebe, sehr feinfühlig, zart und aufopfernd, Hang zur Selbstaufgabe in Beziehungen, sehr romantisch **Ästhetik:** Künstlerisch, nostalgisch, romantisch, leichte Tendenz zum Kitsch **Motto:** Lass uns gemeinsam ein Traumschloss bauen! **Selbstfürsorge:** Alles, was mit dem Wasserelement zu tun hat, schwimmen, tauchen, viel Zeit allein, Musik und Kunst; wichtig: klare Grenzen setzen!

Mars: Sexualität und Yang-Energie

Symbol: ♂
Stichwörter: Sexualität, Aktivierung, Aggression, Ziele, Yang-Energie, Männlichkeit, Kampf

Der Mars steht in der Astrologie für die männliche Polarität, für Impuls, den initialen Funken, für Sexualität und Aggression. Er gibt Aufschluss darüber, wie du deine Ziele verfolgst, in Aktion trittst und eroberst, auf welche Art du Wut ausdrückst und Konflikte führst. Der Mars zieht los, steht für sich ein und fordert, was ihm zusteht. Es geht um Dominanz, Willen, pure archaische Lebenskraft und Energie. Da er primär für den Selbsterhaltungstrieb steht, für den Impuls zu überleben, sind unweigerlich Aggression und Konflikt involviert. All unsere Instinkte treiben uns vorwärts – in Richtung Selbsterhaltung, Fortpflanzung und Überleben. In seiner Welt gibt es Gewinner und Verlierer, nichts dazwischen. Es geht ums Gewinnen statt ums Schlichten, um Dominanz statt Kompromiss. Der Mars steht für Kampf, Zerstörung und Blutbäder, aber auch für Leidenschaft, Sexualität, Triebkraft, Potenz. Wir sprechen hier von der kriegerischen, hypermaskulinen, sexuellen und kompromisslosen Ausprägung der Yang-Energie. Mars verhandelt nicht, er zieht in den Krieg, um zu gewinnen. Es geht hier also nicht um Kooperation, sondern um Wettkampf und Sieg. Lass dich von Mars leiten, wenn du Führung und Stärke, Durchsetzungsfähigkeit und Zielstrebigkeit brauchst.

Ungeachtet des Geschlechts geht es um die Balance zwischen den Polen. Wir Menschen vereinen Yin und Yang, hell und dunkel, männlich und weiblich in uns. So steht Mars also zum einen für den Krieger in uns und zum anderen dafür, nach welcher Ausprägung des Kriegers wir in einem potenziellen Partner Ausschau halten. Der Mars im Horoskop kann für den Typ Mann stehen, den du dir an deiner Seite oder für sexuelle Abenteuer wünschst.

Mars inspiriert uns, uns mit unserer wilden und archaischen Seite zu verbinden, mit Aggression, Sexualität und Tatkraft. Er liebt die Farbe Rot; verbinde dich mit ihm durch Kleidung in dieser Farbe, durch Kampfkünste oder adrenalinreiche Sportarten, durch scharfes Essen. Spiele, um zu gewinnen. Mach ein Lagerfeuer. Zelebriere deine Sexualität ohne Scham, finde die Heiligkeit in der primitiven Wildheit dieser Triebhaftigkeit. Ziehe los, um zu erobern, ganz nach dem Motto »Veni, vidi vici«. Wie willst du deine Ziele erreichen, wie willst du überhaupt überleben ohne diesen Archetypen? Um eine gesunde und freudvolle Verbindung zu deinem Mars zu entwickeln, ist es unerlässlich, erst einmal dein Marszeichen zu kennen.

Tierkreis	Kurzbeschreibung
♂ ♈ Mars im Widder **DER KRIEGER**	**Aggression:** Von 0 auf 100, spontan, explosiv, zerstörerisch, nicht nachtragend, aber er macht keine halben Sachen; kann sehr martialisch und brutal werden **Ventil:** Extremsport, Kampfsport, Rennsport **Sexualität:** Heißblütig, dominant, erobernd **Ziele:** Werden ohne Rücksicht auf Verluste verfolgt
♂ ♉ Mars im Stier **DER VERTEIDIGER**	**Aggression:** Wächst langsam an, kaum zu bremsen, wenn er in Fahrt kommt **Ventil:** Kontaktsportarten, Rugby, American Football, Holzhacken **Sexualität:** Sinnlich, leidenschaftlich, genussorientiert **Ziele:** Werden einen Schritt nach dem anderen erreicht – slow and steady wins the race
♂ ♊ Mars in den Zwillingen **DER WORTGEWANDTE**	**Aggression:** Wortgefechte, Debatten, Auseinandersetzungen **Ventil:** Parcours, Debattierklubs, Fechten, taktische Sportarten **Sexualität:** Abwechslungsreich, raffiniert, Erotik durch Worte **Ziele:** Ändern sich häufig, daher Schwierigkeiten, einen eingeschlagenen Weg beizubehalten
♂ ♋ Mars im Krebs **DER ROSENKRIEGER**	**Aggression:** Emotional, passiv-aggressiv, nachtragend **Ventil:** Surfen, in ein Kissen schreien, Schwimmen, Altglas zertrümmern **Sexualität:** Wunsch nach Verbundenheit, einfühlsam

Tierkreis	Kurzbeschreibung
	Ziele: Werden durch Gefühle gelenkt und daher oft nicht linear verfolgt, hat mehr Schwierigkeiten, eigene Ziele durchzusetzen als die anderer
♂ ♌ Mars im Löwen **DER GLADIATOR**	**Aggression:** Generell sonniges Gemüt, mag Kritik aber gar nicht, Wut entlädt sich oft dramatisch, dennoch rastlos **Ventil:** Tennis, Wrestling (wegen der theatralischen Komponente) **Sexualität:** Wird zelebriert und voll ausgekostet, mit Hang zur Selbstdarstellung (hat vielleicht einen Spiegel über dem Bett hängen) **Ziele:** Eine einmal eingeschlagene Richtung wird beibehalten und langfristig verfolgt
♂ ♍ Mars in der Jungfrau **DER PEDANT**	**Aggression:** Tendenziell Missachtung gängiger Normen, beherrscht bis zu einem gewissen Punkt, danach kann alles passieren **Ventil:** Putzen als Extremsport, Bodybuilding nach Trainingsplan, Cardio, Nordic Walking **Sexualität:** Stille Wasser sind tief und das prüde Image ist nützlich zur Tarnung; unter der zurückhaltenden Oberfläche verbergen sich oft Neigungen zum Fetisch oder anale Präferenzen **Ziele:** Werden erst nach akribischer Prüfung gesteckt und dann effizient und ökonomisch bis zum Erreichen verfolgt
♂ ♎ Mars in der Waage **DER DIPLOMAT**	**Aggression:** Niedriges Potenzial, umschifft Konflikte durch Diplomatie und Kompromissbereitschaft, hilft das nicht mehr, ist er abweisend und eiskalt **Ventil:** Joggen, Schießen, Mannschaftssport, Lästern **Sexualität:** Fokus liegt hier auf dem gemeinsamen Erleben von Sexualität, einfühlsam, auf das Gegenüber bezogen, stilvoll und ästhetisch

Tierkreis	Kurzbeschreibung
	Ziele: Entscheidungsschwierigkeiten, gefasste Ziele werden oft nicht bis zum Ende beibehalten, sondern ändern sich, vor allem aufgrund äußerer Einflüsse
♂ ♏ Mars im Skorpion **DER ZERSTÖRER**	**Aggression:** Stichelt anfangs subtil, Manipulation und Boshaftigkeit kann zu offenem Hass anwachsen, der den Gegner von innen heraus vergiftet und vollkommen zerstört **Ventil:** Poledance, Messerwerfen, Sex, Jagen **Sexualität:** Intensiv, tabulos, oft nahe an gesellschaftlichen Grenzen, Fetisch **Ziele:** Werden mit großer Entschlusskraft auf der Basis starker Emotionen gefasst und bis zum bitteren Ende verfolgt
♂ ♐ Mars im Schützen **DER RITTER**	**Aggression:** Impulsiv – oft ausgelöst durch verletztes Gerechtigkeitsempfinden oder abweichende philosophische Überzeugungen (wer hat recht?) **Ventil:** Taekwondo, Reiten, Bogenschießen, Urban Exploring **Sexualität:** Experimentierfreudig, sucht nach Abwechslung, unter Umständen funktioniert Monogamie nicht für ihn **Ziele:** Idealistisch, werden je nach Begeisterung verfolgt, kann andere gut mitreißen (missionieren)
♂ ♑ Mars im Steinbock **DER EXTREMBERG-STEIGER**	**Aggression:** Tendenziell beherrscht und ausgeglichen, außer Autorität/Werte werden angegriffen, dann werden mit aller Härte Konsequenzen gezogen und beibehalten (nachtragend!) **Ventil:** Holzhacken, Klettern, Axtwerfen, Gewichtheben **Sexualität:** Starke Verbindung zur Sexualität, trotzdem nicht triebgesteuert, ausdauernd

Tierkreis	Kurzbeschreibung
	Ziele: Werden hartnäckig, geradlinig und ehrgeizig verfolgt und zu Ende gebracht, kann in Verbissenheit münden
♂ ♒ Mars im Wassermann **DER REVOLUTIONÄR**	**Aggression:** Per se kein aggressiver Typ – richtet den Fokus seiner Umsturzfantasien jedoch gern auf die etablierte Gesellschaftsordnung und deren Machthaber, wenn er in Rage gerät **Ventil:** Paintball, Wutraum, Basejumping **Sexualität:** Es darf gern etwas schräg sein, liebt es unkonventionell, nicht-monogames Lebenskonzept möglich **Ziele:** Werden auf originelle und revolutionäre Art verfolgt statt nach Schema F, gern im Team mit flachen Hierarchien
♂ ♓ Mars in den Fischen **DER MAGIER**	**Aggression:** Schwierige Verbindung mit der eigenen Aggressivität, daher oft unausgeglichen; ist die meiste Zeit lammfromm, kann sich entweder in passiv-aggressiver Art äußern oder – vor allem angetrunken – explosionsartig zeigen oder in Opfermentalität umschlagen **Ventil:** Surfen, Kunst, Meditation, Tanzen, Tagebuchführen, Capoeira **Sexualität:** Dient der Transzendenz, als spirituelle Erfahrung oder Rausch, wird tendenziell mit Rauscherfahrungen verknüpft, sehr intensiv und trippy, einfühlsam und sensibel **Ziele:** Zögerlich, intuitiv und traumgeleitet – gleitet oft auf dem Weg des geringsten Widerstands ans Ziel, manchmal lösen sich Ziele in Luft auf

Merkur: Kommunikation

Symbol: ☿
Stichwörter: Information, Kommunikation, Austausch, Gedanken, Lernen, Verstand, Übertragung, Transport, Reisen (Kurzstrecken), Verträge

Merkur steht astrologisch für kognitive Prozesse – Gedanken, Sprache, Kommunikation. Es geht um Zusammenarbeit (Kollaboration), Austausch und neue Ideen. Als Götterbote war er der Botschafter, der Nachrichten brachte, schlichtete und vermittelte. Der römische Gott Mercurius wurde als Gott des Handels verehrt, bei Dieben war er aufgrund seiner schelmischen Art, seiner Listigkeit und seiner Tricks sehr beliebt.

In der griechischen Mythologie heißt Merkur Hermes und hat außerdem noch die Aufgabe, verstorbene Seelen in die Unterwelt zu führen; zudem wird er dort der Musik zugeordnet. Seine geflügelten Schuhe beziehungsweise der Flügelhelm zeigen seine astrologische Zuordnung zum Luftelement, das stellvertretend für den Intellekt und für Informationen steht. Neben Kommunikationsprozessen zwischen Individuen und der Verbindung der unterschiedlichen Standpunkte steht der Merkur für Transport und Kurzreisen, also auch hier, Punkt A, den Startpunkt der Reise, mit Punkt B, dem Zielort, zu verbinden.

Auch Verträge zwischen zwei Parteien, Autos und elektronische Geräte werden von Merkur beeinflusst. Das ist nur logisch, denn Verkehrsmittel und technische Geräte wie Handys und Laptops dienen hauptsächlich einem Zweck: der Datenverarbeitung und Informationsvermittlung. Es geht bei Merkur also immer um Verbindung.

Merkur lädt uns dazu ein, uns mit der Weisheit und dem Verstand zu verbinden. Er liebt Gemeinschaft, das Sammeln und Verbreiten von Informationen und die Verschmelzung von Wissen, das neue Ideen gebiert. Er ist praktisch, pragmatisch und effizient, wissbegierig und an freundschaftlicher Zusammenarbeit interessiert.

Tierkreis	Kurzbeschreibung
☿ ♈ Merkur im Widder **DER STREITHAMMEL**	**Denkt:** Oft erst nach dem Sprechen **Spricht:** Schnell, laut und impulsiv (streitet meist, statt zu sprechen) **Kollaboriert:** Nur nach seinen Regeln
☿ ♉ Merkur im Stier **DER ZUHÖRER**	**Denkt:** Rational, praktisch, pragmatisch **Spricht:** Weniger, als er zuhört, außer es geht ums Essen; redet langsam und nur, wenn er wirklich etwas zu sagen hat **Kollaboriert:** Wenn es nach seinem Kopf geht
☿ ♊ Merkur in den Zwillingen **DER WORTAKROBAT**	**Denkt:** Sogar wenn er schläft, im Wachzustand mehrere Gedanken nebeneinander, während noch irgendwoher ein Lied erschallt – er ist die Personifizierung von »zu viele offene Tabs im Browser« **Spricht:** Ohne Punkt und Komma, verliert sich gern in »Binnenerzählungen«, kann ohne Probleme vier Konversationen parallel führen **Kollaboriert:** Am liebsten mit allen gleichzeitig
☿ ♋ Merkur im Krebs **DER EMPATH**	**Denkt:** Emotionsbetont und weniger gern, als er fühlt; denkt meist an andere **Spricht:** Emotional, blumig, einfühlsam **Kollaboriert:** Liebend gern mit seinem inneren Kreis
☿ ♌ Merkur im Löwen **DER REDNER**	**Denkt:** Am liebsten an sich **Spricht:** Am liebsten über sich, gern mit Pathos und auf einer Bühne **Kollaboriert:** Prinzipiell gern, außer er wird kritisiert; sehr loyaler und umgänglicher Zeitgenosse und guter Freund
☿ ♍ Merkur in der Jungfrau **DER ANALYST**	**Denkt:** Kritisch, rational, messerscharf, in Schubladen **Spricht:** Unemotional und eloquent, oft im wissenschaftlichen Stil und mit vielen Fremdwörtern, neunmalklug **Kollaboriert:** Mit würdigen Kollaborateuren (anderen Schlaumeiern)

Tierkreis	Kurzbeschreibung
☿ ♎ Merkur in der Waage **DER DIPLOMAT**	**Denkt:** Oft an sein Äußeres **Spricht:** Recht (sieht sich als richterliche Instanz), gewaltfrei, ausgleichend, lästert aber für sein Leben gern **Kollaboriert:** Prinzipiell mit jedem, außer er fällt seiner legendären Unentschlossenheit zum Opfer
☿ ♏ Merkur im Skorpion **DER INVESTIGATIV-JOURNALIST**	**Denkt:** Meist an den Tod, an Sex oder Tabus, deckt durch Telepathie Lügen und Geheimnisse auf **Spricht:** Entwaffnend und enthüllend, aber ohne Informationen über sich zu geben; stichelt gewohnheitsmäßig, drückt sich kryptisch aus **Kollaboriert:** Nur zu seinem Vorteil
☿ ♐ Merkur im Schützen **DER HOFNARR**	**Denkt:** Nie etwas, ohne es auszusprechen, oft einfach das Gegenteil seiner Umwelt – aus schierem Protest **Spricht:** Ohne ein Blatt vor den Mund zu nehmen, sagt genau, was ihm im Kopf herumschwirrt, oft mit sehr viel Humor; sagt, was die meisten anderen denken, sich aber nie zu sagen trauen **Kollaboriert:** Mit anderen idealistischen Rebellen und Weltenbummlern
☿ ♑ Merkur im Steinbock **DER WORTKARGE**	**Denkt:** Nüchtern, faktenbasiert und methodisch **Spricht:** Wie er denkt; ab und zu lässt er jedoch seinen staubtrockenen Humor durch sarkastische Pointen durchblitzen **Kollaboriert:** Ungern, außer mit ähnlich Ambitionierten
☿ ♒ Merkur im Wassermann **DER INNOVATOR**	**Denkt:** Unkonventionell, idealistisch und innovativ **Spricht:** Am Telefon heimlich mit seinen außerirdischen Verwandten, ansonsten gern über Verschwörungstheorien und abstrakte Sachverhalte – manchmal nicht ganz nachvollziehbar für den Rest der Erdbevölkerung **Kollaboriert:** Liebend gern

Tierkreis	Kurzbeschreibung
☿ ♓ Merkur in den Fischen **DER POET**	**Denkt:** Telepathisch und einfühlsam, manchmal in Songtexten **Spricht:** Fantasievoll, dafür aber nicht immer die Wahrheit **Kollaboriert:** Wenn, dann am liebsten leicht angetrunken mit anderen Künstlerseelen

PRAXIS: BEZIEHUNGS-ANALYSEN

Beziehungsanalyse

In diesem Kapitel findest du zunächst eine vollständige Beziehungsanalyse, in der alle Punkte dieses Buchs vereint sind. Später analysiere ich anhand eines Beispiels eine weitere Beziehung im Hinblick auf Konflikte, die auftreten können, und wie das Verständnis der beiden Energietypen dabei helfen kann. Du wirst, ausgerüstet mit dem Human-Design-Wissen aus diesem Ratgeber, in der Lage sein, die gleichen Analysen für zwei Personen durchzuführen.

Wir wenden uns in der vollständigen Beziehungsanalyse den Unterschieden, Gemeinsamkeiten, Konfliktbereichen, Anziehungspunkten sowie Aufgaben zu. Ich nutze für diese Analyse die folgenden Elemente im Chart beider Personen:

- Typ, Autorität
- Elementbetonung (Persönlichkeitsbetonung)
- Verbindungsmodus
- Kanäle (Dominanz, Freundschaft, Kompromiss, Anziehung)
- Aktivierte Tore in Haus 7 und 8 beider Personen
- Sex-Streams
- Venus-Schlüssel
- Mars-Schlüssel
- Merkur-Schlüssel

Nimm dies gern als Anregung für ein Reading von zwei Personen, aber denke daran, dass es das Wichtigste ist, deinem Gefühl zu folgen; nicht immer sind alle Elemente wichtig und vorrangig zu betrachten. Manchmal reicht es aus, dass zwei Menschen ihren Energietyp und die dahinterliegenden Elemente kennen – allein das kann schon enorme Erkenntnisse bringen.

Sabine und Uwe

Sabine Q., geboren am 2.9.1973 um 21 Uhr in Wuppertal
Uwe F., geboren am 31.3.1971 um 9:43 Uhr in Saarburg

Einzelcharts: Sabine und Uwe

Sabine

Typ: manifest. Generator
Autorität: emotional
Profil: 5/1

Persönlichkeitsbetonung aktiv:
Erde (Jungfrau)
Persönlichkeitsbetonung passiv:
Feuer (Schütze)

Venus (Liebe):
Waage, Haus 7, Luft
Mars (Sexualität):
Stier, Haus 2, Erde
Merkur (Kommunikation):
Jungfrau, Haus 7, Erde

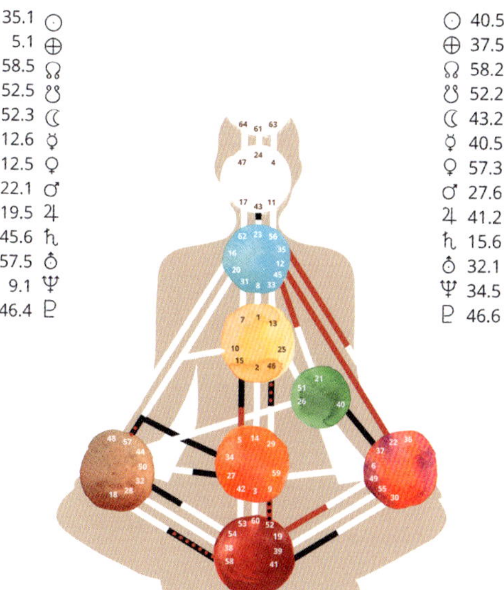

Uwe

Typ: manifest. Generator
Autorität: emotional
Profil: 1/3

Persönlichkeitsbetonung aktiv:
Feuer (Widder)
Persönlichkeitsbetonung passiv:
Wasser (Krebs)

Venus (Liebe):
Fische, Haus 12, Wasser
Mars (Sexualität):
Steinbock, Haus 10, Erde
Merkur (Kommunikation):
Widder, Haus 1, Feuer

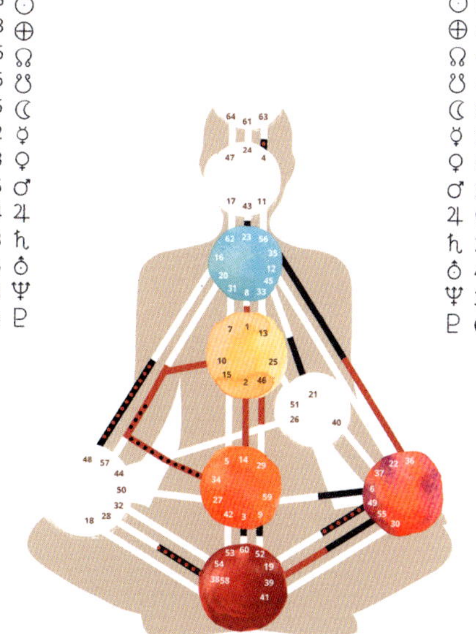

Composite Chart: Gemeinsame Energie von Sabine und Uwe

Verbindungsmodus Deep Mode
(8 definiert, 1 undefiniert)
starkes Fundament mit Offenheit für neue Dinge und gemeinsame Entwicklung

Kompromisskanal
35–36 Abenteuer
9–52 Fokus, Konzentration
10–57 Überleben

Anziehungskanal
23–43 Verrückter Professor
21–45 Materialismus, Struktur
19–46 Eheleute, Empathie

Dominanzkanal
12–22 Offenheit (S)
37–40 Gemeinschaft (S)
39–55 Emotionen (U)
5–15 Rhythmus und Takt (S)
2–14 Neue Wege (U)

Freundschaftskanal
34–10 Überzeugung

S = Sabine
U = Uwe

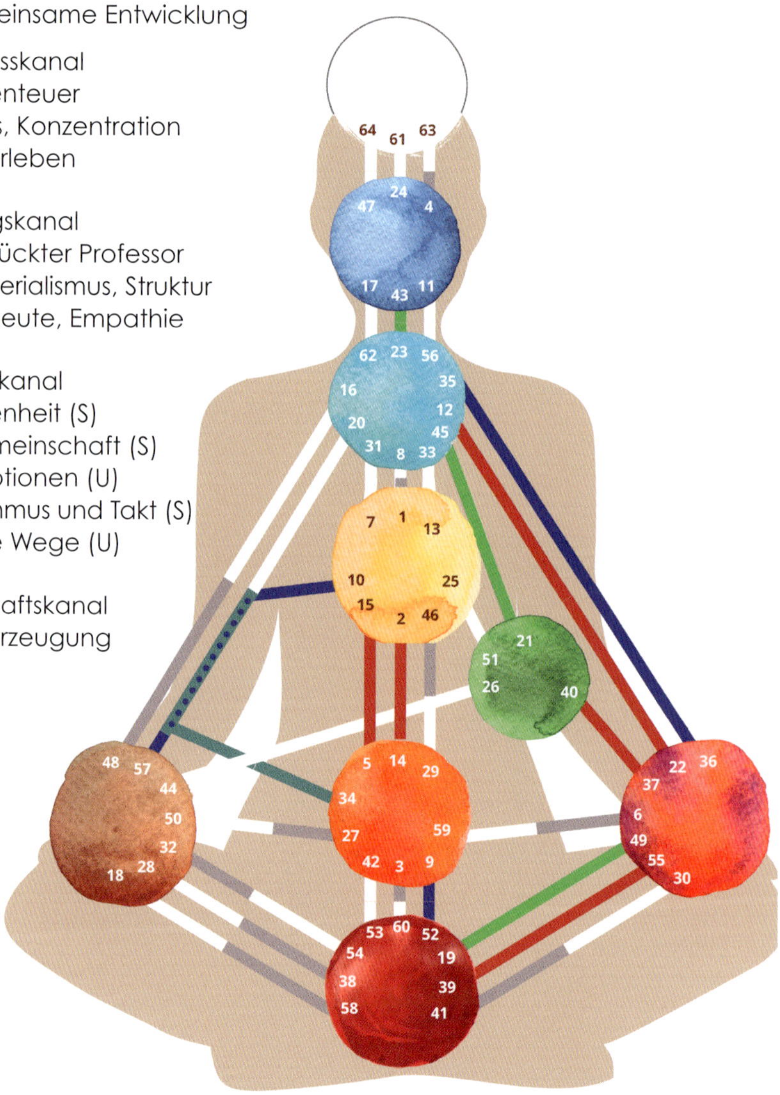

Die Typen – manifestierende Generatoren unter sich

Sabine und Uwe sind beide manifestierende Generatoren: Sie haben eine unerschöpfliche Motorkraft, wenn sie ihrer Freude folgen, und können sich gegenseitig »anzünden«. In der Beziehung sind beide schnell, miteinander und in eigenständigen Gedanken und Lebensbereichen – das ist Persönlichkeitsentwicklung in Hochgeschwindigkeit!

Dies fördert nicht nur unbändige Kraft zutage, es zieht den Bedarf an regelmäßiger Kommunikation nach sich. Wo steht der jeweils andere? Welche Gedanken hat er? In dieser Beziehung ist es wichtig, das Tempo des anderen zu verstehen und gleichzeitig zuzulassen, dass man mitgenommen wird. Denn die Gedanken von gestern müssen nicht die von heute sein. Das gemeinsame Fundament sind der Austausch und das Gefühl, zusammen durchs Leben zu gehen, akzeptiert vom anderen. Ebenfalls wichtig ist es, dass sich beide über die Dinge, die in ihnen brodeln, oder über neue »Blumenwiesen«, die sie im Leben entdecken, informieren. Sabines und Uwes Beziehung ist von ständigem Wandel geprägt, den sie gemeinsam meistern können, wenn sie sich in ihrer Gänze erkennen und die Fetzen fliegen dürfen, das Grundgefühl aber immer Liebe ist.

Die Autoritäten – beide in der emotionalen Welle

Sabine und Uwe nutzen beide den emotionalen Fahrstuhl als Weg, Entscheidungen zu treffen und Klarheit zu finden. Allerdings tun sie dies auf unterschiedliche Art und Weise.

Bei Sabine ist die emotionale Welle eine persönliche Welle, deren Ventil die Kehle ist: Sabine muss sprechen, ihre Emotionen durchfühlen und über die Stimme nach außen tragen, um zu Klarheit zu gelangen. Das bedeutet für Uwe: zuhören, nicht unbedingt alles ernst nehmen, den Klarheitsmoment abwarten und Sabine ausreden lassen.

Uwes emotionale Welle verläuft über seine Kanäle zwar auch in die Kehle, aber vorrangig in den Wurzelbereich. Das bedeutet, dass ihn seine Emotionen antreiben und in Bewegung bringen, er diese aber braucht, um zu Klarheit zu gelangen. Seine Welle fragt sich immer: Was ist hier der Deal für alle? Wie kommen alle möglichst gut dabei weg? Für Sabine gilt: Lass Uwe Sport machen und laufen gehen, wenn die Welle kommt, dann kann er danach klarer und fokussierter mit dir sprechen. Das erste Ventil sind die Beine und der Körper.

Für beide gilt: Lebenswichtige Entscheidungen möglichst nicht ad hoc treffen, sondern den Fahrstuhl rauschen lassen – Uwe in der Natur, Sabine mit der Freundin am Telefon. Erst dann sollten sie gemeinsam darüber sprechen. Die emotionale Welle darf rauschen, wenn sich beide einer Freude, spontanem Urlaub oder einem Abenteuer hingeben wollen.

Die Profile: Batman trifft auf Harry Potter

Sabine ist eine 5/1 – Batman – und braucht in Beziehungen deshalb Folgendes:

- Tiefgang und offene Kommunikation,
- Anerkennung für ihr Wissen und ihre Retterqualitäten,
- ein reflektiertes Gegenüber, das damit umgehen kann, wenn die Heldin gerade mal nicht da ist, um zu retten,
- Akzeptanz, dass Distanz und Freiraum regelmäßig gebraucht werden und dies der Intimität und Verbindung keinen Abbruch tut,
- einen Ort und Raum, wo sie nicht Heldin sein muss, sondern beide das Leben spielerisch erkunden und Nähe erhalten können.

Uwe muss wissen, dass es nicht einfach ist, die Schale einer 5/1 zu knacken, da sie sich in ihrer Rolle perfekt inszenieren kann und sich darin verliert, wenn sie dafür Liebe erhält. Die unnahbar wirkende 5/1 sehnt sich danach, im tiefsten Inneren gesehen zu werden. Wird sie das nicht, zieht sie schnell den Schutzmantel an und versteckt sich hinter ihrer Rolle.

Uwe ist eine 1/3 – Harry Potter – und braucht in Beziehungen Folgendes:

- Stabilität, Sicherheit, ein geschütztes Nest, eine Höhle,
- Vertrauen (kann Loyalität hinterfragen), tiefe Gespräche und Antworten auf alle Fragen,
- offene Arme, wenn die 3er-Linie von ihrem Abenteuer zurückkehrt und reflektieren möchte,
- Raum, sich zurückziehen und forschen zu dürfen,
- jemanden, der ihn uneingeschränkt fliegen und auch scheitern lässt und das als Teil seines Wesens anerkennt,
- die Akzeptanz des Gegenübers, dass sich der Lebensweg öfters ändern kann,
- die Möglichkeit, seine Erfahrungen und Erkenntnisse zu teilen.

Sabine muss wissen, dass das 1/3-Profil durch den Drang nach Sicherheit und Vertrauen manchmal etwas undurchdringlich wirken kann; die 1/3 prüft die Menschen im näheren Umfeld häufig auf ihre Loyalität. Uwe ist ein Scanner, der zunächst sein Gegenüber durchleuchtet. Seinen Respekt und seine Wertschätzung muss man sich verdienen. Erst wenn diese Sicherheit gegeben ist, kann sich der Abenteurer entfalten und kehrt nach seinem Ausflug wieder in den sicheren Hafen zurück.

Die 1er-Linie als Verbindungslinie

Die große Gemeinsamkeit von Sabine und Uwe ist die Linie des Forschers und Lehrers – die 1er-Linie bringen beide in ihrem Profil mit. Deshalb sollten sie so tief wie möglich ins Leben eintauchen und forschen und analysieren, was das Zeug hält. Vermutlich muss das Bücherregal dieses Paars einmal im Jahr ausgemistet werden, weil ständig neue Bücher dazukommen. Stundenlange Gespräche sind wichtiger als der Fernsehabend. Die Dinge, die Uwe auf der bewussten Linie (er hat die 1 auf der bewussten Seite) erforscht, brauchen bei Sabine manchmal etwas Zeit, um fühl- und umsetzbar zu werden. Uwe darf hier etwas nachsichtig sein und Sabine Raum geben, das zu verinnerlichen, was er blitzschnell »raushaut«.

Die Persönlichkeitsbetonung: Wenn Erde auf Feuer trifft (aktive Betonung)

Sabines Elementbetonung, die zu etwa 70 Prozent in der Wachpersönlichkeit spürbar ist, ist die Erde, ablesbar aus der Position ihrer bewussten Sonne im Tierkreiszeichen der Jungfrau. Die Erde nährt, ist genügsam, steht für Bodenständigkeit und Willen, was manchmal in Starrköpfigkeit umschlagen kann. Ein erdbetonter Mensch kann jedoch mit der Zeit weicher werden, sich bewegen und sich einlassen. Es ist Sabine wichtig, dass die Dinge um sie herum gedeihen, darum hegt und pflegt sie diese. Die Erde trocknet allerdings aus, wenn die anderen Elemente sie nicht nähren und befruchten.

Demgegenüber steht Uwe mit der Hauptbetonung im Schützen, dem Feuer. Als Feuermensch ist er das Sinnbild für Wärme, Antrieb und Kraft und drängt nach Entfaltung im Leben. Feuerbetonte Menschen sind selbstbewusst und können durchaus ein anziehend-feuriges Auftreten haben. Für sie ist wichtig, dass ihr Feuer aufrechterhalten wird, brennen darf und sich die Menschen an seinen Funken und seiner Wärme nähren. Feuerbetonte Menschen neigen dazu, blitzartig zu explodieren oder zu einem Leuchtfeuer zu werden – ein Sinnbild für Freiheit, das für Uwe unverzichtbar ist.

Wichtig für Uwe und Sabine ist nun, dass Uwe als feuerbetonter Mensch ein Funken- und Samensetzer ist, während Sabine diejenige ist, die diese Samen hegt, pflegt, entwickelt, großzieht und sich daran erfreut, dass Wachstum entsteht. Sie kümmert sich mit Eifer um das, was der Baum als Nächstes braucht, um wachsen zu können. Uwe beobachtet und gibt neue Funken dazu. Beide ergänzen sich ideal, da Uwe Sabines Hegen transzendiert und so werten und konstruktiv kritisieren kann, dass es zu einem positiven Wandel kommt. Für Uwe ist es wichtig zu verstehen, dass sich das Erdelement nur schwer in eine Rolle pressen lässt. Sabine kann sich wandeln, wenn sie möchte, aber sie braucht Zeit. Wenn der Feuersturm einmal über die Erde gefegt ist, dauert es eine Weile, bis wieder fruchtbarer Boden entsteht; das hält die stabile Erde aus.

Verbindungsmodus Deep Mode – Entfaltung und Bindung 8:1

Der Deep-Modus besagt, dass man in der gemeinsamen Energie acht Zentren definiert und ein Zentrum undefiniert hat. Dieser Modus hat einen gemeinsamen Wachstums- und Inspirationsbereich, der Fruchtbares in die Beziehung bringt. Mehr zum Deep Mode findest du auf Seite 161.

Für Sabine und Uwe gilt: Das Fundament ihrer Beziehung ist stark, fordert sie aber zur inneren Arbeit in Konfliktbereichen auf; die beiden sollten nicht zu sehr »aneinanderkleben«, sondern regelmäßig Dinge allein unternehmen.

In der Abbildung der gemeinsamen Energie (siehe Seite 200) siehst du alle Kanäle, die Uwe und Sabine gemeinsam haben, und welche Themen sie betreffen. Im Folgenden ist diesbezüglich das Wichtigste zusammengefasst.

Kompromissbereiche

Hier sind Bereiche definiert, in denen es wichtig ist, gemeinsam Kompromisse zu finden, um die Beziehung zu stärken, das heißt, eine Person hat den Kanal, die andere nur ein Tor. In Sabine und Uwes Fall:

Abenteuer 35–36 (Kanal Uwe, Tor Sabine)

Sabine darf hier lernen, dass Uwe Dinge erfahren und ausprobieren muss, um sie zu erkennen und zu verstehen. Das geht am besten im Selbstexperiment. Egal, wie viel sie ihm erzählen mag oder analysiert (typisch Jungfrau) – die Erkenntnis sickert erst in Uwe hinein, wenn er diese körperlich erfährt.

Fokus 9–52 (Kanal Sabine, Tor Uwe)

Uwe darf verstehen, dass Sabine oft in ihren Themen versinkt und stundenlang im Fokus sein kann – er sollte sie dabei am besten nicht stören. Er darf für sich entscheiden, ob er mitgeht und ihr zusieht. Uwe muss nicht den gleichen Fokus an den Tag legen, er darf ihn öfter verlieren beziehungsweise wieder neu ausrichten.

Überleben 10–57 (Kanal Uwe, Tor Sabine)

Sabine darf verstehen, dass es Uwe im Stamm wichtig ist, dass das Paar versorgt ist, sowohl finanziell als auch emotional. Das hat für ihn oberste Priorität, erst dann spielen andere Menschen eine Rolle. Er wird öfters Grenzen ziehen und Sabine »ermahnen«, dass sie beide wichtig sind. Sabine darf mit diesen Grenzen, die gleichzeitig Behütung und Sicherheit bedeuten, spielen lernen und entscheiden, inwieweit sie andere Personen und Dinge vor die Beziehung stellt.

Anziehungsbereiche (beide haben jeweils ein Tor, die Tore verbinden sich zum Kanal)

Hier finden wir Bereiche, die beide gemeinsam haben, das heißt, beide haben jeweils ein Tor, die Tore verbinden sich zum Kanal. In Sabine und Uwes Fall:

23–43: Verrückter Professor

Sabine und Uwe sollten zusammen ihre »freaky« Gedanken und Weltbilder ausleben, das ist eine Gemeinsamkeit, die die beiden stärkt. Sie sollten verrückt herumforschen, weil sie so zu neuen Erkenntnissen gelangen.

21–45: Materialismus, Struktur

Sabine und Uwe fühlen sich wohl, wenn sie eine gewisse Routine und Struktur im Leben haben, die sie absichert. Das gemeinsame Streben nach Materiellem ist eine Grundnote in der Beziehung, die beiden Freude bereitet. Minimalismus ist nicht ihr Ding, eher wollen sie strukturiert in die Fülle wandern. Dabei hat Uwe meist den Plan (als Feuerbetonung), während Sabine den Samen nährt und hegt, um am Ziel anzukommen.

19–46: Ehepartner, Empathie

Sabines und Uwes Fundament ist das Bündnis, das sie miteinander haben, das gegenseitige Auffangen und Füreinander-da-Sein. Sie erinnern manchmal an ein altes Ehepaar, dürfen aber regelmäßig die Verliebten und »jungen Wilden« entdecken, um das Feuer nicht erlöschen zu lassen. Es wäre Uwes Part, diese Facetten zu beleben.

Dominanzbereiche

Hier zeigt sich, wo die Partner voneinander lernen und miteinander wachsen können, praktisch bedeutet das, einer hat den Kanal, der andere nicht. Bei Sabine und Uwe:

12–22: Offenheit (Sabine)

Uwe darf hier lernen, *jedem* Menschen offen und tolerant zu begegnen. Im Laufe der Beziehung mit Sabine darf er sein Mitgefühl entdecken und sich von Wertungen gegenüber Personen oder Geschehnissen lösen. Sabines Offenheit für die Welt und die Menschen lehrt Uwe, anderen eine Chance zu geben.

37–40: Gemeinschaft (Sabine)

Uwe darf hier lernen, dass Gemeinschaft Wärme spendet. Sabine lebt Gemeinschaft in ihrer Energie und liebt den Austausch mit Menschen, um dadurch zu wachsen. Uwe darf seine leicht gerümpfte Nase, wenn es um Gemeinschaften geht, glätten. Er darf sehen und verstehen, dass Reibung Wärme erzeugt und man zusammen schneller und besser wächst als ein Einzelkämpfer.

5–15: Rhythmus und Takt (Sabine)

Uwe darf hier Flow und Körpergefühl lernen und sich auf die Bewegungen und Rhythmen, die ihm sein System vorgibt, einlassen. Das lebt Sabine ihm vor, was aber nicht heißen muss, dass ihre Rhythmen ihm guttun. Er darf durch Zusehen und Beobachten lernen und es ausprobieren.

39–55: Emotionen (Uwe)

Sabine ist hier aufgefordert, die volle Bandbreite an Emotionen zu spüren, nachzufühlen und Emotionen so im Schwall herauszulassen, wie es bei Uwe angelegt ist. Sie darf in diesem Bereich fühlen lernen, wann ihre Emotionen aufwallen und wann sie sich abgrenzen darf von der Gefühlsschaukel anderer.

2–14: Neue Wege (Uwe)

In diesem Bereich darf Sabine lernen, dass es mehr als eine Lebensperspektive gibt, unter anderem die von Uwe. Sein Weg im Leben darf akzeptiert werden; das konfrontiert Sabine mit dem Thema Akzeptanz und Loslassen.

Freundschaftsbereiche

Der Bereich, in dem bedingungsloses Verständnis herrscht, ist bei Sabine und Uwe der Bereich »Überzeugungen« (Kanal 34–10). Hier sind sich beide ungeheuer ähnlich, denn sie leben, lieben und sterben für ihre Überzeugungen und Werte. Als Paar mit dieser Energie wirken sie dadurch frei, konsequent, kompromisslos und stark. Sollten sie in einem Lebensbereich dieselbe Überzeugung haben – zum Beispiel dass ihnen ein Mensch nicht guttut –, heißt es für das Umfeld: festhalten! Sie treten zusammen auf wie eine kraftvolle Armee, die nicht besiegt werden kann. Einen gemeinsamen Überzeugungsbereich zu haben (Glaube, Wissen et cetera) tut in der Beziehung gut und festigt das Fundament.

Kommunikation in der Beziehung: Analytikerin und Streithammel

Bewusste Sonne in Jungfrau, Haus 6 – Sabine, die Analytikerin

Sie denkt: Kritisch, rational, messerscharf, in Schubladen

Sie spricht: Unemotional und eloquent, oft im wissenschaftlichen Stil und mit vielen Fremdwörtern, neunmalklug

Sie kollaboriert: Mit würdigen Kollaborateuren (anderen Schlaumeiern und Analytikern)

Bewusste Sonne in Widder, Haus 1 – Uwe, der Streithammel

Er denkt: Oft erst nach dem Sprechen

Er spricht: Schnell, laut und impulsiv; streitet meist, statt zu sprechen

Er kollaboriert: Nur nach seinen Regeln

Wichtig für beide ist, dass hier die emotionale Welle auf die Analytikerin und den Streithammel trifft. Das Fühlen darf bei beiden in den Vordergrund gerückt werden, wenn die Welle anrollt, Uwe streiten und Sabine den Streit analysieren möchte. Die beiden sollten sich gegenseitig fragen: Was brauchst du? Warum kämpfst du so? Andernfalls können der Streit und die Analysen, bei denen sich die beiden gegenseitig verletzen, mehrere Tage andauern.

Liebe in der Beziehung: Ästhetin und Romantiker

Waage Haus 7 – Sabine, die Ästhetin

Romantik: Lebt für und in Beziehungen, flirtet leidenschaftlich, braucht für ein glückliches Herz Harmonie, Ästhetik und Anerkennung
Ästhetik: Exklusiv, feminin und verspielt, trotzdem nicht kitschig; liebt die schönen Dinge im Leben und hat einen tollen Stil
Motto: Zusammen ist man weniger allein.
Selbstfürsorge: Alles, was sie (noch) schöner macht – Besuche im Beautysalon, Spa, Massagen, Yoga

Fische Haus 12 – Uwe, der Romantiker

Romantik: Sucht nach Verschmelzung und Transzendenz in der Liebe, sehr feinfühlig, zart und aufopfernd, Hang zur Selbstaufgabe in Beziehungen, sehr romantisch
Ästhetik: Künstlerisch, nostalgisch, romantisch, leichte Tendenz zum Kitsch
Motto: Lass uns gemeinsam ein Traumschloss bauen.
Selbstfürsorge: Alles, was mit dem Wasserelement zu tun hat: schwimmen, tauchen, viel Zeit allein verbringen, Musik und Kunst; wichtig: klare Grenzen setzen!

Damit die Liebe richtig gelebt werden kann, ist es wichtig für beide, dass Sabine die Selbstliebe etabliert und sich in ihrer eigenen Ästhetik lieben lernt. Uwe darf die Tendenz zum Kitsch ruhig mal aktivieren und dabei nicht vergessen, dass Sabine in seinen Händen zu Wachs wird, wenn es um gute Gespräche geht. Dann steht der Verschmelzung nichts im Wege.

Sexualität in der Beziehung: Sapiosexualität trifft auf Selbstausdruck

Stier Haus 2 – Sabine, die Verteidigerin

Aggression: Steigt langsam an, kaum zu bremsen, wenn sie in Fahrt kommt
Ventil: Kontaktsportarten, Rugby, American Football, Holzhacken

Sexualität: Sinnlich, leidenschaftlich, genussorientiert
Ziele: Werden einen Schritt nach dem anderen erreicht – slow and steady wins the race

Sabines Aktivierungen in Haus 8, der Sexualität

Sabine hat in Haus 8 keine weiteren Aktivierungen. Das bedeutet, dass das Thema Sexualität maßgeblich durch Uwe als »Antreiber« bestimmt wird. Ihren Aktivierungen zufolge kann sie sich einlassen, wenn der mentale Bereich stimuliert ist; man nennt dies Sapiosexualität, den anderen aufgrund seines Intellekts anziehend zu finden. Gelingt Uwe das, ist Sabine für so gut wie jedes Experiment zu haben.

Steinbock Haus 10 – Uwe, der Extrembergsteiger

Aggression: Tendenziell beherrscht und ausgeglichen, es sei denn, die eigene Autorität, die eigenen Werte werden angegriffen; dann werden mit aller Härte Konsequenzen gezogen und beibehalten (nachtragend!)
Ventil: Holzhacken, Klettern, Axtwerfen, Gewichtheben, Extremsport, Kraftsport
Sexualität: Starke Verbindung zur Sexualität, trotzdem nicht triebgesteuert, ausdauernd
Ziele: Werden hartnäckig, geradlinig und ehrgeizig verfolgt und zu Ende gebracht, kann in Verbissenheit münden

Uwes Aktivierungen in Haus 8, der Sexualität

Uwe hat zwei Toraktivierungen im Haus der Sexualität, Tor 1 und Tor 14. Sexualität spielt in seinem Leben eine große Rolle – nicht nur die mit anderen, sondern vor allem die mit sich selbst. Hier ist Solosex ganz wichtig!

Bei Uwe bedeutet Tor 1 in Haus 8 Kreativität und Selbstausdruck durch Sexualität, Beflügelung des Wesens, individuelle Wege gehen, auch beim Sex. Sex setzt das Potenzial der endlosen Schöpferenergie bei Uwe frei; er blockiert diese Energie, wenn er keinen erfüllten Sex (mit sich oder anderen) hat.

Tor 14 in Haus 8 bedeutet, dass Sex als tiefer Selbstausdruck betrachtet werden soll, bei dem es nicht darum geht, Leistung für die Frau zu erbringen. Weniger Druck und mehr Hingabe an den Fluss können unendliche Ausdauer und vor allem den Enthusiasmus hervorbringen, sich in der Tiefe zu entdecken.

Gemeinsame Sex-Streams

Als gemeinsamer Sex-Stream entsteht bei Sabine und Uwe der Kanal 19–49 als Anziehungskanal (jeder bringt ein Tor mit), der am prägendsten in der gemeinsamen sexuellen Energie ist. Der Stream steht für die Stammessicherung, meint aber nicht zwingend die Fortpflanzung, sondern Sex als Bindeglied der Partnerschaft. In diesem Kanal können sich auch Versprechen, Eide und Verträge finden, die den Sex oder die Fortpflanzung betreffen.

Wichtig zu wissen ist hier: Die Sicherung des Stammes steht vor dem Ich und dem Wir. Wichtig für den Mann ist die Verbreitung seines Samens, das Zeigen der Fruchtbarkeit, das Exklusivrecht am Partner oder der Wunsch nach sexueller Treue des Partners – Sex als Sicherheits- und Liebesbeweis, die sexuelle Verbindung als Zeichen der Zusammengehörigkeit, Ehe und Sex, um das Gegenüber zu befriedigen, Loyalität, feste Sexpartner, Abneigung gegen Untreue und Polyamorie.

Sabine: 22–12, Kanal der Vereinigung (individuell)

Bei Sabine allein steht der individuelle Sex-Stream im Vordergrund, den sie als Dominanzkanal in die Beziehung einbringt. Es geht primär darum, dass ich mich durch Sex erkenne, erlebe und immer weiter öffne. Sex ist im individuellen Stream ein Portal, um sich kennenzulernen, auf jegliche Art und Weise. Das klingt etwas egoistisch, ist es aber nicht. Für diese Menschen sind Berührung und das Fallenlassen in die Sexualität ein Zugang zu sich selbst. Es geht darum, was guttut (auch bei der Selbstbefriedigung), darum, den eigenen Körper zu spüren und wahrzunehmen. Diese Hingabe an sich selbst und das Gegenüber kann sehr romantisch, tiefgründig und intensiv sein.

Uwe: 36–35, Kanal des sexuellen Abenteuers (kollektiv)

Der kollektive Sex-Stream steht für etwas Größeres, Übergeordnetes. Mit diesem Stream dient Sex nicht nur der Fortpflanzung, sondern auch der Verschmelzung, der Selbsterfahrung mit sich, einem Partner oder mehreren Menschen. Menschen, die einen kollektiven Sex-Stream haben, verlangen, Sex zu erforschen, sowohl den Solosex mit sich als auch die vielen Arten und Möglichkeiten der Verbindung. Sex ist hier nicht nur »rein, raus«, sondern Berührung, Gesehenwerden, wilde Praktiken. In Beziehungen ist der kollektive Sex-Stream ein immenser Teil der Verbindung und darf vor allem nicht »einschlafen«. Hierzu passen Uwes Aktivierungen im Mars und in Haus 8 (Sexualität).

Uwe: 39–55, Kanal der Befriedigung (individuell)

Uwe bringt ebenfalls einen individuellen Sex-Stream als dominanten Kanal mit ein. Für ihn geht es generell darum, sich über Sex zu erfahren.

Wichtig für Uwe und Sabine ist Folgendes: Wenn zwei Menschen mit individuellem Sex-Stream aufeinandertreffen oder ihn sich definieren, beginnt eine Forschungsreise, ein Tanz für beide. Dabei geht es um Intimität und einen sehr gefühlvollen Austausch, auch körperlich.

Besondere Aktivierungen in Haus 7 (Haus der Partnerschaft), Tor 46

Uwe und Sabine haben in Haus 7, das für Partnerschaften und Beziehungen steht, ein Tor gemeinsam aktiviert. Das Tor 46 (Tor des Strebens nach Vollkommenheit) ist für beide die Hauptaufgabe in der Beziehung und einer der Gründe des Zusammenfindens. Bei diesem Tor geht es darum, einen eigenen Weg der Vollkommenheit zu finden und sich nicht gesellschaftlichen Normen anzupassen. Der Lebensweg dieses Paares darf anders, unkonventionell sein und muss keinem klassischen Rollenbild folgen. Gleichzeitig ist es Aufgabe, sich als Paar neu zu definieren und schwierige Phasen in der Vollkommenheit zu erkennen. Es sind zwei manifestierende Generatoren, die hier zusammen sind: Das Blumenbeet der Beziehung ist immens groß und darf oft neu bepflanzt werden mit neuen Blumen, neuen Ideen. Ausprobieren, sich gemeinsam entwickeln und dabei den Weg genießen lautet die Devise. Es wird die Aufgabe sein, sich hinzugeben, dem anderen und der Beziehung, und übertriebene Ernsthaftigkeit und übermäßigen Perfektionsanspruch in Balance zu halten.

Partnerschaftskonflikte friedlich lösen

Im folgenden Beispiel möchte ich dir wie in der Einleitung zu diesem Kapitel angekündigt darstellen, wie das Human Design und die Analyse der Energietypen beim Lösen von Konflikten unterstützen kann. Wir schauen uns Lena und Eric an:

Lena: MG, sakrale Autorität
Eric: Projektor, emotionale Autorität

Lena ist eine manifestierende Generatorin mit einer sakralen Autorität. Sie lebt mit Eric zusammen, der ein emotionaler Projektor ist. Am Abend treffen sich beide in der Küche, und Eric fängt an, von seinem Tag zu berichten, denn es brennt ihm etwas auf der Seele. Lena, im Multitasking-Modus, schneidet nebenbei Gemüse, sieht aufs Handy und geht zwischendurch ins Bad. Eric unterbricht deswegen immer wieder seine Gedanken. In ihm kommt das Gefühl auf: Sie hört mir nicht zu, macht nebenbei tausend andere Dinge. Das äußert er mit geballter Emotionskraft: »Ach, du hörst mir eh nicht zu, dann brauche ich auch nichts erzählen.« Lena ist kurz überrascht und antwortet: »Doch, ich kann dir nebenbei zuhören, das weißt du doch.« Eric zieht sich in sein Arbeitszimmer zurück, ohne Lena seine Gedanken bis zum Ende mitgeteilt zu haben. Lena ruft ihm hinterher: »Ja, wie immer. Dann rede eben nicht mehr mit mir.« Dabei gibt es einige Elemente, die, wenn sie beachtet würden, die Kommunikation zwischen den beiden wesentlich erleichterten.

Eric braucht wertschätzenden Fokus

Projektoren haben die Fähigkeit, sich in eine Person einzuklinken und ihr den vollen Fokus zu schenken. Dasselbe erhoffen sie sich für sich. Sie brauchen eine wertschätzende Atmosphäre, wenn sie sich öffnen wollen. Diese wertschätzende Atmosphäre hat Lena Eric aus seiner Sicht nicht geboten, weswegen er aus der Emotion heraus das Gespräch abbrach.

Schattenthema Verbitterung

Bei einem erwachsenen Menschen, der reflektiert mit sich umgehen kann, hätte diese Situation keine Emotion ausgelöst. Bei Eric wird jedoch eine innere Resonanz ausgelöst: Er fühlt sich nicht gesehen, weil Lena andere Dinge nebenbei erledigt und ihm deswegen nicht den vollen Fokus einräumt. In diesem Moment bestätigt sich bei Eric der Glaubenssatz »Ich bin nicht wichtig!«. Hat er in der Kindheit ähnliche Momente erlebt, in denen die Mutter sich zum Beispiel um den Haushalt kümmerte und nur mit einem Ohr bei ihm war, erlebt er dieses Gefühl erneut. Das führt dazu, dass Eric sich innerlich zurückzieht und das Schattenthema der Projektoren, Verbitterung, auftritt. Je öfter er diese Situation erlebt, desto weniger wird Eric sich trauen, auszusprechen, was ihm auf der Seele brennt. Zwischen Eric und Lena entsteht eine Mauer unausgesprochener Dinge und die Verbindung geht verloren.

Lena – der Multitasking-Blumenstrauß

Für Lena gehört es dazu, sich zu bewegen und etwas zu tun, wenn es gerade fließt. Das tut sie auch, als Eric anfängt zu sprechen: Sie gibt ihrer Energie Raum und folgt ihrem Bauchgefühl. Völlig unabsichtlich und durch ihren Energietyp bedingt, löst sie damit das verlorene Gefühl in Eric aus.

Schattenthema Frust

Lena kann in dem Moment nicht greifen, was Eric gebraucht hätte, da er es nicht kommuniziert hat, etwa in Form von »Mir brennt etwas auf der Seele, können wir kurz sprechen, ohne dass du nebenbei etwas machst?«. Ihre Energie wird urplötzlich gestoppt und prallt auf Erics Verbitterung und Emotion. Lena reagiert mit Frust, der sich vielleicht schon länger aufgestaut hat, und lässt diesen ihm gegenüber aus. Generatoren mögen es, eingeladen zu werden. Hier hätte es genügt, wenn Eric Lena eingeladen hätte, ihm zuzuhören. So kann sie die Situation oder Wichtigkeit des Gesprächs bewusster einschätzen, ihren Fokus auf ihn lenken und gleichzeitig prüfen, ob ihr das in diesem Moment guttut.

Wie kann es anders laufen?

Beispiel 1: Am Abend treffen sich beide in der Küche, und Eric fängt an, von seinem Tag zu berichten, denn es brennt ihm etwas auf der Seele. Er sagt zu Lena: »Schatz, können wir miteinander sprechen? Ich habe da etwas, das ich dir erzählen möchte.« Lena, im Multitasking-Modus, schneidet nebenbei Gemüse, sieht aufs Handy und geht zwischendurch ins Bad. Da sie jedoch um Erics Fokus-Bedürfnis als Projektor weiß, antwortet sie: »Hat es Zeit bis heute Abend? Dann würde ich mir Zeit für dich nehmen, du weißt ja, dass ich nach der Arbeit immer erst mal wirbeln muss.«

Was hier wichtig ist

- Eric offenbart, dass er Gesprächsbedarf hat.
- Er lädt ein und stellt Lena eine Ja-Nein-Frage.
- Eric ist sich bewusst, dass er den Fokus braucht, und kommuniziert dies.
- Lena kann ihr Bauchgefühl prüfen, ob es der richtige Moment ist, und darf Nein sagen.
- Lena folgt ihrer MG-Energie und schlägt vor, das Gespräch am Abend zu führen.
- Die Bedürfnisse *beider* werden durch offene Kommunikation und Akzeptanz der anderen Energie erfüllt.

- *Beide* können sich in Akzeptanz üben, dass der jeweils andere ein Bedürfnis hat, ohne dafür die eigenen Bedürfnisse übergehen zu müssen; Lena muss erst einmal Energie loswerden, und Eric begnügt sich nicht mit einem Gespräch zwischen Tür und Angel.

Beispiel 2: Am Abend treffen sich beide in der Küche, und Eric fängt an, von seinem Tag zu berichten, denn es brennt ihm etwas auf der Seele. Lena, im Multitasking-Modus, schneidet nebenbei Gemüse, sieht aufs Handy und geht zwischendurch ins Bad. Eric unterbricht deswegen immer wieder seine Gedanken. In ihm kommt das Gefühl auf: Sie hört mir nicht zu, macht nebenbei tausend andere Dinge. Das äußert er mit geballter Emotionskraft: »Ach, du hörst mir eh nicht zu, dann brauche ich auch nichts erzählen.« Eric zieht sich in sein Arbeitszimmer zurück, ohne Lena seine Gedanken bis zum Ende mitgeteilt zu haben. Er beobachtet seine Gedanken und kehrt zu Lena in die Küche zurück. »In mir kam gerade das Gefühl auf, dass du keine Zeit für mich hast, dabei ist es wichtig für mich, dir von meinem Tag zu erzählen. Meine Worte galten nicht dir, sie kamen aus der Emotion. Mir wäre es sehr wichtig, dass wir gleich sprechen und du nebenbei nichts machst. Geht das gerade für dich?«

Was hier wichtig ist

- Eric reflektiert sein Verhalten im Moment (er beobachtet sich).
- Er weiß, was diese Situation bei ihm auslöst oder welche Erinnerung aus der Kindheit sie reaktiviert (die Mutter schenkte ihm in Schlüsselsituationen nicht ihre volle Aufmerksamkeit).
- Er weiß, dass sein emotionaler Satz nicht Lena treffen sollte, sondern er ein Ventil für seine Emotionen brauchte.
- Er kommuniziert offen und ohne Angst, dass Lena ihn verurteilen könnte; er offenbart sich.
- Er äußert die Wichtigkeit dieses Gesprächs und was er dafür braucht.
- Er stellt am Ende wieder eine Ja-Nein-Frage, auf die Lena reagieren kann.
- Lena kann jetzt bewusster mit der Situation umgehen und kennt Erics Bedürfnisse; sie kann entscheiden, ob sie gerade die Ressourcen dafür hat.

Diese Situation hätte noch diverse weitere Lösungsansätze. Wichtig ist das Wissen um den Human-Design-Typ, die Fähigkeit zur Selbstbeobachtung und Wahrnehmung sowie der Mut, offen über die eigenen Gefühle zu kommunizieren. Mir ist bewusst, dass es viel Mut und Vertrauen sowie einen stabilen Selbstwert braucht, um sich zu offenbaren. In meinen Augen führt nämlich nur das nachhaltig zu einer Veränderung in uns, langfristig zur Auflösung unserer erlernten Muster und somit zu friedvolleren Beziehungen mit uns und anderen.

Voraussetzungen für Konfliktlösungen

- Wissen (Human-Design-Grundlagen)
- (Selbst-)Beobachtung: Was geschieht in mir/im Gegenüber?
- Offene Kommunikation, Mut zur Offenbarung
- Situationswiederholung (üben, üben, üben)

Das klingt einfach, ist es im Alltag aber nicht unbedingt. Du kannst dieses Lösungsschema auf alle möglichen Konflikte übertragen und mit dem Human-Design-Wissen dieses Buchs kombinieren.

Nachwort

Dieses Buch hat mich nicht nur im Schreibprozess gefordert und gefördert, sondern auch in meinen persönlichen Beziehungen. Ich glaube nicht an Zufälle und wurde im gesamten Schreibprozess aufgefordert, anzunehmen, Menschen an dem Punkt, an dem sie stehen, stehen und meine emotionale Welle durchrauschen zu lassen. Beziehungen, Freundschaften und Partnerschaften fanden ein Ende und es kam Neubeginn. Am Ende standen dort zwei Dinge: Frieden in mir und Mitgefühl für mein Gegenüber. Die größte Erkenntnis mit diesem Buch ist es, dass wir zwingend Kommunikation, Mitgefühl und gesunde Selbstfürsorge in unserem Leben etablieren müssen. Nicht nur für uns, sondern auch für andere. Warum müssen? Weil sich in allen Wirtschaftsstrukturen, Beziehungen und Mechanismen leider immer noch die alten »Prozesse« finden. Prozesse, in denen es nicht um den Menschen geht, sondern um Schnelligkeit und Effizienz. Prozesse, in denen vergessen wird, dass wir alle Verbindungswesen sind und hier, um etwas zu erschaffen.

Ich habe das Gefühl, dass wir Idealismus und Ethos wieder etablieren dürfen, wo er verdrängt wurde. Ich hoffe, dass dieses Buch ein Schlüssel dazu sein kann. Offene Kommunikation ist der Dreh- und Angelpunkt, um zu sehen, was andere brauchen, wenn sie um sich schlagen, und um zu erkennen, was man braucht. Am Ende dürfen wir alle bei uns selbst anfangen, um Veränderungen im Außen zu bewirken.

Ein besonderer Dank gilt meiner Agentin, Freundin und Begleiterin auf diesem Weg, die nicht nur Zeit, Kraft und Herz, sondern vor allem Verständnis und Klarheit in diesen Prozess brachte und mich in erster Linie als Mensch sah und sieht, der wirklich etwas bewegen will. Danke, Claudia.

Vergesst nicht: We all walk each other home!

Anhang

Tore und Häuser im Überblick

Hier kannst du nachschlagen, welches Tor in welchem Haus steht und ohne Mandala deine Aktivierungen einsehen. Erstelle dir dazu deinen kostenfreien Bodygraphen (unter »Links« in diesem Anhang) und gleiche deine aktivierten Tore mit der folgenden Liste ab.

Haus	Bedeutung	Zugeordnete Tore
Haus 1 – Widder	Wohlbefinden, Motivation, Persönlichkeit, Temperament, Lebensgefühl	25, 17, 21, 51, 42
Haus 2 – Stier	Besitztum, Materialismus, Sicherheit, Bedürfnisse	3, 27, 24, 2, 23, 8
Haus 3 – Zwillinge	Kommunikation, Lernen, Bildung, Verwandtschaft, Umgebung	20, 16, 35, 45, 12
Haus 4 – Krebs	Zuhause, Familie, eigene Eltern	15, 52, 39, 53, 62, 56
Haus 5 – Löwe	Liebe, Kreativität, Leidenschaft, Vergnügen, Kinder	7, 4, 29, 31, 33
Haus 6 – Jungfrau	Arbeit, Gesundheit, Alltag, Routine Körper, Ernährung, Hobbys	6, 47, 64, 40, 59, 46
Haus 7 – Waage	Beziehungen, Partnerschaft	18, 48, 57, 32, 50
Haus 8 – Skorpion	Sexualität, Tabus, Transformation, Entwicklung, Investitionen	28, 44, 1, 43, 14

Haus	Bedeutung	Zugeordnete Tore
Haus 9 – Schütze	Wachstum, Ideale, Träume, Philosophie, Herausforderungen	34, 9, 5, 26, 11
Haus 10 – Steinbock	Beruf, Image, Ziele, Bestrebungen, Status, Autorität	10, 58, 38, 54, 61
Haus 11 – Wassermann	Freundschaft, Hoffnung, soziales Leben	60, 41, 19, 13, 49, 30
Haus 12 – Fische	Spiritualität, Verbund, Glaube, Inspiration	55, 37, 63, 22, 36

Literatur

Stefanie Stahl: *Das Kind in dir muss Heimat finden: Der Schlüssel zur Lösung (fast) aller Probleme*, Kailash, München 2015

Links

Human-Design-App:
www.humandesignapp.com

Kostenfreies Erstellen eines Composite-Charts:
www.fractalhd.house

Kostenpflichtiges Erstellen eines Composite-Charts:
www.geneticmatrix.com
www.humandesignapp.com

Kostenpflichtiges Erstellen eines Human-Design-Mandalas:
www.geneticmatrix.com
www.jovianarchive.com

Blanko-Charts bestellen:
www.etsy.com

Ausbildungen und Services von Anja Hauer-Frey

Die Autorin bietet folgende Ausbildungen und Weiterbildungen im Bereich Human Design an:

- Grundausbildung Human Design Persönlichkeits-Profiler
- Weiterbildung Aktive Dekonditionierung mit Human Design
- Weiterbildung Human Design Beziehungsanalyse

Alle Informationen und aktuellen Workshops finden sich auf der Webseite:
www.phoenixhumandesign.de

Ausbildungen und Services von Marie Murariu (Astrologie)

- Geburtshoroskope und Analyse
- Bewegungstherapie als Traumabewältigung
- Integration von emotionalen Blockaden
- Kundalini Yoga und Offline-Workshops

Weitere Infos: www.numinouscalling.de

Penguin Random House Verlagsgruppe FSC® N001967

Projektleitung: Inga Heckmann
Satz: Uhl + Massopust, Aalen
Lektorat: Dr. Ulrike Kretschmer, Inga Heckmann und Claudia Wuttke
Korrektorat: Susanne Schneider
Illustrationen: Anja Hauer-Frey
Bildredaktion: Sabine Kestler
Bildnachweis: Adobe Stock: 14, 22, 34, 102 a, 102 d, 102 e, 102 f, 102 g, 120, 136, 152, 196 (Daniel Berkmann), 88 (Graficriver), 102 b (ayakono), 102 c (Arif Arisandi), 178 (Peter Hermes Furian)
Herstellung: Timo Wenda
Umschlaggestaltung: Anja Hauer-Frey unter Verwendung eines Motivs von © [Ritthichai] via Canva.com
Druck und Verarbeitung: Litotipografia Alcione srl, Lavis
Printed in Italy

Anne Amend-Söchting

Motiviert und erfolgreich studieren rund ums Lehramt
Tipps für Organisation, Präsentationen, Hausarbeiten und Prüfungen

Klett | Kallmeyer

Bibliografische Information der Deutschen Nationalbibliothek
Die Deutsche Nationalbibliothek verzeichnet diese Publikation in der Deutschen Nationalbib-liografie; detaillierte bibliografische Daten sind im Internet über http://dnb.d-nb.de abrufbar.

Impressum

Anne Amend-Söchting
Motiviert und erfolgreich
studieren rund ums Lehramt
Tipps für Organisation, Präsentationen, Hausarbeiten und Prüfungen

1. Auflage 2023

Redaktion: Daniela Brunner, Korschenbroich
Umschlagfoto: © Mangostar / stock.adobe.com
Grafik, S. 65: © Nature line / stock.adobe.com
Realisation: Sabine Duffens
Druck: Beltz Grafische Betriebe, Bad Langensalza
Printed in Germany

ISBN: 978-3-7727-1744-4